Sebastian Moll

Lesereise New York

Sebastian Moll

Lesereise New York

Uptown Blues in der funkelnden Metropole

Picus Verlag Wien

Für Erika

Grafische Gestaltung: Dorothea Löcker, Wien
Umschlagabbildung: © Frank Heuer
Druck und Verarbeitung:
Druckerei Theiss GmbH, St. Stefan im Lavanttal
ISBN 978-3-7117-1030-7

Informationen über das aktuelle Programm
des Picus Verlags und Veranstaltungen unter
www.picus.at

Inhalt

Rückkehr nach New York

Ein Blick durch das falsche Ende des Teleskops

Es hat lange gedauert, bis ich es über mich gebracht habe, einen Blick in die Nummer 315 Bowery zu wagen. Sechs Jahre genau.

Im Jahr 2006 hatte Hilly Kristal hier zum letzten Mal die Rollgitter vor seinem legendären Punk-Club CBGB heruntergelassen, jenem modrigen, düsteren Gewölbe, in dem die Karrieren der Ramones, von Blondie, Television, den Talking Heads und Patti Smith begonnen hatten.

Doch 2006 war es Zeit geworden für das CBGB, es war hier auf der Bowery schon lange ein Fremdkörper. Das »Flop House« im zweiten Stock, ironischerweise »Palace Hotel« genannt, wo obdachlose Männer weiland für ein paar Dollar auf einer Matratze ihren Rausch ausschlafen konnten, war schon lange den Büros einer städtischen Behörde gewichen. Die Bowery, einst ein Symbol urbaner Verelendung, hatte sich in einen schicken Amüsier- und *Shopping*-Bezirk verwandelt. Statt von Pennern war die Straße von überschminkten jungen Damen bevölkert, die zu viel »Sex and the City« gesehen hatten. Sie flanierten *after work* die Bowery auf und ab, stets auf der Suche nach neuen Schuhen und der Begegnung mit Mr. Big.

Nun also, an einem schwülen Hochsommertag im Juli 2012, traute ich mich, nachzuschauen, was aus dem CBGB geworden war. Es war eine überaus verwirrende Erfahrung, der dunkle Raum konnte sich nicht so recht entscheiden, was er sein wollte. Im vorderen Teil wurden in einem breiten Regal Schallplatten aus gutem alten Vinyl angeboten, die blanke Ziegelwand war mit Konzertpostern aus den siebziger und achtziger Jahren übersät – Iggy Pop, The Police, Tom Petty and the Heartbreakers. In der Mitte stand rechter Hand eine kleine Konzertbühne, komplett mit spielbereiten Instrumenten. Man konnte meinen, gleich komme Joey Ramone in seiner Lederjacke aus der Kulisse und schreie noch einmal »I don't want to go to the basement« ins Mikrofon. Sogar der alte Flipperautomat stand noch in der Ecke. Doch wenn man tiefer in das Dunkel des Raumes eindrang, wich das Musikinventar Kleiderständern mit hochpreisiger Herrenmode – Ledersakkos zu zweitausendfünfhundert Dollar, Punkstiefel mit Nietenbesatz zu dreihundertvierundachtzig, Designerjeans ab hundertfünfundachtzig.

Nach dem Tod von Hilly Kristal im Jahr 2007 hatte der Designer John Varvatos die Nummer 315 Bowery übernommen, nicht freilich, ohne seinem Vormieter Tribut zu zollen. Sogar eine Originalwand des CBGB mit einer Fünffachschicht an Aushangzetteln von Konzertankündigungen bis zu Untermietgeboten hatte Varvatos hinter einer Plexiglasscheibe erhalten. Warum sollte er schließlich nicht vom Ruhm dieser Stätte profitieren, deren wildes Image bestens zu seinem Stil passt.

Die Erfahrung stimmte mich schwermütig, schockiert war ich jedoch nicht. Denn die Varvatos Boutique an der Bowery war die perfekte Metapher für das, was in New York passiert ist, seit ich Ende der achtziger Jahre erstmals als Student hierherkam.

Damals, in den Semesterferien 1990, absolvierte

ich ein Praktikum bei einem Buchverlag im brandneuen Bertelsmann-Wolkenkratzer am Times Square. Der Glasturm war seinerzeit ein Unikum an der berühmten Kreuzung von Broadway und Seventh Avenue – das erste Gebäude dessen, was heute als der neue Times Square gilt.

Den Weg von der U-Bahn ins Büro legte man damals am besten hastigen Schrittes zurück, den Blick starr nach vorne gerichtet. Die 42nd Street war selbst am frühen Morgen ein eher unangenehmes Pflaster. Junkies und Bettler saßen auf dem Bordstein, Prostituierte buhlten rund um die Uhr um Kundschaft. Pornokinos wechselten sich mit Peepshows ab, im U-Bahn-Schacht roch es nach Urin und Schlimmerem. Das geografische Zentrum der wichtigsten Metropole des 20. Jahrhunderts war ein Sumpf von Elend und Schmuddel.

Es gab damals sicher niemanden in New York, der nicht wollte, dass hier etwas passiert. Mit dem, was aus dem Times Square inzwischen geworden ist, ist allerdings auch kaum ein New Yorker glücklich. Wer nicht dort arbeiten muss oder eine Karte für eine Vorstellung im umliegenden Theaterdistrikt hat, sucht die Gegend unter allen Umständen zu meiden.

Der Times Square ist heute ein Themenpark für die rund zweiundfünfzig Millionen Touristen, die jährlich die Stadt überfluten. Er erfüllt willig ihre Erwartungen an das pulsierende Herz New Yorks. Die blinkenden, funkelnden Neonreklamen an den Fassaden der neuen glänzenden Wolkenkratzer versprechen das, was sich jeder Besucher von New York erhofft – Aufregung, Unterhaltung, Stimulation. Die Dauerverstopfung der verkehrsreichsten Kreuzung Amerikas mit ihren verzweifelten Taxifahrern, suizidalen Fahrradkurieren und Hunderttausenden flanierenden Besuchern aus aller Welt bietet auf Straßenebene die »typische« Manhattan-Erfahrung der berauschenden Dichte.

Wenn man dann aber genau hinschaut, was es am Times Square zu erleben gibt, ist die Enttäuschung groß. Die Geschäfte sind Niederlassungen globaler Ketten – man kann im Disney Store ein Micky-Mouse-Kostüm für die *kids* kaufen, in Toys'R'Us die neueste Barbiekollektion oder sich in Forever 21 mit der neuesten Teenie-Mode eindecken. Es gibt nichts hier, was eine Familie aus dem Mittleren Westen nicht auch in der *shopping mall* vor ihrer Haustür findet. Um die Gastronomie ist es nicht besser bestellt – man hat die Wahl zwischen Massenabfertigung im überteuerten Planet Hollywood oder im ebenso überteuerten Hard Rock Cafe, die jeweils identisch auch in Los Angeles, London oder Hongkong zu finden sind. Das Beste am neuen Times Square ist noch die große erdbeerrote Freitreppe mitten auf dem Father Duffy Place, wo man sich niederlassen und all das Blinken und Wuseln so lange auf sich wirken lassen kann, bis das Kopfweh einsetzt.

Das digitale Dauerflimmern des Times Square ist Kernbestandteil der »Marke« Times Square. Die Public-Private Partnership Times Square Alliance, die die Neubebauung des Platzes geplant und durchgeführt hat, hat die Montage von Neon- oder Plasma-Anzeigen an den Fassaden zur Auflage gemacht. Es ist Zweck und Wiedererkennungsmerkmal des Times Square, zu funkeln.

Die Identität des Platzes als glitzerndes Zentrum New Yorks stammt aus dem ersten Drittel des 20. Jahrhunderts, als er genau das war. Kein Platz der Welt machte damals einen derart verschwenderischen Gebrauch von der noch neuartigen elektrischen Leuchtschrift. Die zahllosen Theater, Kabaretts, Jazz- und Tanzclubs versuchten sich im Kampf um das elegante New Yorker Publikum mit größeren, bunteren Neon-Schriftzügen gegenseitig auszustechen.

Anders als heute steckte damals hinter den Lichtern der Großstadt allerdings tatsächlich jene Aufregung und Dekadenz, die heute am Times Square nur noch eine vage Erinnerung sind, eine Sehnsucht, die kaum ein Besucher mehr genau verorten kann. Es ist, wie der Städtetheoretiker Rem Koolhaas, Verfasser des Manhattan-Manifests »Delirious New York« schreibt, die »Erinnerung an eine Erinnerung«. Die Vergangenheit, die hier vorgeblich erhalten wird, ist unendlich weit entfernt, schreibt Koolhaas weiter, es ist, als sähe man sie durch das falsche Ende eines Teleskops.

Was uns zurück in die John-Varvatos-Boutique im East Village bringt. Zu der Zeit, in der ich am Times Square Lektoratspraktikant war, lebte ich im East Village. Das CBGB war damals noch in vollem Betrieb, Nacht für Nacht kreischten schrille Gitarrenklänge aus dem grottigen Barraum auf die Bowery, wo die Punks und die, die es sein wollten, gemeinsam mit den Pennern der Bowery standen und sich mit billigem Fusel zudröhnten.

Das East Village war damals Zentrum einer authentisch gewachsenen Gegenkultur. Seit den fünfziger Jahren waren Künstler, Dichter, Hippies und Aussteiger aus dem immer teurer werdenden Greenwich Village in das bis dahin vernachlässigte Viertel polnischer, ukrainischer und puertorikanischer Einwanderer geströmt. Sie hatten sich in den vernachlässigten Mietshäusern eingenistet, wo man praktisch umsonst leben konnte, und eine einzigartig fruchtbare kreative Umgebung geschaffen. Charlie Parker lebte und spielte hier ebenso wie Lou Reed. Jean-Michel Basquiat und Keith Haring malten im East Village, und wenn man im ukrainischen Diner Odessa am Tompkins Square für zwei Dollar gebratene Eier frühstückte, traf man nicht selten den Beat-Dichter Allen Ginsberg an.

Im Tompkins Square Park selbst stand damals eine Zeltstadt, in der Obdachlose unbehelligt leben konnten, unterstützt und versorgt von den Anarchisten und Punks, die umliegende Häuser besetzt hatten. Es wurden Essensreste von den Restaurants im Viertel gesammelt, Altkleider, ja sogar Duschen wurden aufgestellt. Es war ein aggressiver Akt der Aneignung öffentlichen Raumes und der Weigerung, die von der Obrigkeit verordneten Nutzungsbeschränkungen zu akzeptieren – ein Akt, der die »Occupy«-Bewegung um mehr als dreißig Jahre vorwegnahm.

Anfang der neunziger Jahre wurde der Tompkins Square dann gewaltsam geräumt. Die Punks und Anarchos gaben sich nach einer mehrtägigen Straßenschlacht geschlagen. Ich kann mich noch an die Feuer erinnern, die in diesen Tagen auf der Avenue B brannten und an die Trommeln im Park, die ich in meiner Wohnung an der 11th Street hörte und die dann über Nacht plötzlich verstummten. Mit dem letzten Paukenschlag am Tompkins Square begann die Gentrifizierung des East Village und in dessen Folge ganz Manhattans – jener Prozess, der im heutigen Times Square und in der John-Varvatos-Boutique mündete.

Trotzdem hatte ich das Gefühl, dass sich kaum etwas geändert hatte, als ich 2002 nach beinahe zehn Jahren erstmals wieder durch die Straßen des East Village lief. Am St. Mark's Place gab es noch immer die gleichen Tattoo-Läden, das Life Café am Tompkins Square war noch immer der beliebteste Brunch-Spot für die Punk-Bands, die in den Clubs des Viertels spielten. Das Love and Coffee an der Second Avenue verkaufte noch immer den gleichen Hippie-Kitsch wie zehn Jahre zuvor und sogar das Odessa gab es noch. Das Einzige, was sich geändert hatte, war, dass ich nun nicht mehr dreihundert Dollar für eine heruntergekommene, aber geräumige Wohnung bezahlte, sondern zwölfhundert Dollar für ein fensterloses Zimmer.

Die Gentrifizierung von New York, jene Amöbe, die sich immer weiter auch noch in die letzten Außenbezirke ausbreitet, vollzieht sich nach dem Muster John Varvatos. In der Stadt, die sich einst durch ihren Willen auszeichnete, immer wieder Tabula rasa zu machen und von vorne anzufangen, ist die Zeit scheinbar stehen geblieben. Jedes Viertel, so scheint es, sucht sich seine glanzvollste Epoche aus und versucht, diese als zuverlässige Erfahrung für die Besucher zu konservieren: Die Subkultur-Tage des East Village, die Boheme-Jahre der dreißiger und vierziger Jahre im West Village, die glanzvollen Theater- und Revue-Tage am Times Square. Jeder Stadtteil ist eine Marke mit einer leicht identifizierbaren Identität, die sich Wohnungskäufern und Touristen durch Slogans und Bildklischees rasch vermitteln lassen. Viertel mit einem schlechten Ruf, wie etwa Hell's Kitchen, werden flugs umbenannt – das einstige irische Arbeiterviertel heißt heute vornehm Clinton Hill.

Es war eine ernüchternde Erfahrung, nach und nach zu begreifen, was aus dem New York geworden war, nach dem ich mich zehn Jahre lang in Deutschland gesehnt hatte, jenes New York der späten achtziger Jahre, das gefährlich und überwältigend war, aber auch offen und frei. Aus jener Stadt, in der niemand ein Außenseiter war, weil jeder ein Außenseiter war, jenes Sammelbecken für Leute, die zu anders waren, um anderswo zurechtzukommen. Aus jenem New York, wo es so viele Lebensstile und Lebensentwürfe gab wie Bewohner.

Natürlich bin ich mir bei aller Nostalgie nach dieser Zeit der Tatsache bewusst, dass es problematisch ist, diese Zeit zu verklären. Der Journalist Justin Davidson hatte sicherlich recht, als er 2008 im *New York Magazine* schrieb: »Wollen alle die, die sich so leidenschaftlich nach dieser Zeit sehnen, wirklich die verkohlte Bronx der achtziger Jahre wiederhaben? Wollen sie wieder die verwüsteten Nachbarschaften Brooklyns zurückhaben und die vernagelten Wohnhäuser in Harlem?«

Jeder Stadtsoziologe, der eine weitere historische Brennweite hat, wird einem erklären, dass diese Zeit nur eine Übergangsphase von der industriellen zur postindustriellen Stadt war, eine Phase, die nicht andauern konnte und deren Chaos ebenso destruktiv war wie produktiv. Und doch kann man sich am neuen Times Square oder im neuen East Village dem Gefühl nicht entziehen, dass mit ihrem Ende etwas Wesentliches verloren geht.

New York droht sich in ein vermarktbares Produkt, in ein Klischee zu verwandeln – in jene Dystopie der »generischen Stadt«, die Rem Koolhaas schon zu Beginn der neunziger Jahre vorhersagte. Die generische Stadt ist eine Stadt »ohne Geschichte und Identität, ein Ort gedämpfter Sinneswahrnehmungen und erstorbenen Straßenlebens«, schrieb Koolhaas damals. Oder, wie die Stadtsoziologin Sharon Zukin es ausdrückt, ein Ort, an dem unsere Selbstwahrnehmung von unserer Erfahrung eines realen urbanen Raumes losgelöst ist. Die Nachbarschaften werden gleichförmig und beliebig, man weiß im wahrsten Sinne des Wortes nicht mehr, wo man ist.

Das ist das Gegenteil dessen, was die Hauptstadt der Moderne einmal ausgemacht hat – jene überwältigende Sinneserfahrung eines unbarmherzig realen Ortes, von der jeder Besucher der letzten hundert Jahre geschwärmt hat. Und dieses alte New York des 20. Jahrhunderts ist auch noch nicht ganz verschwunden. Es existiert noch an den vermeintlichen Rändern der Stadt, in Harlem etwa, wo der Kampf gegen die Gentrifizierung noch nicht entschieden ist, in Coney Island, das um seine Identität als Himmel der einfachen Leute ringt, oder auch in der Gegend rund um das World Trade Center, das seit dem 11. September 2001 ein Schlachtfeld all jener Kräfte ist, die ein leidenschaftliches Interesse an der Zukunft der Stadt haben, von den Immobilienmogulen über die Politiker bis hin zu den »Occupy«-Demonstranten, die das scheinbar Unaufhaltsame stören und sabotieren, so gut sie können.

Diese Orte und diese Menschen fesseln mich, seit ich wieder in New York bin. Von ihnen handelt die Mehrzahl der Geschichten in diesem Buch. Es sind Geschichten eines Übergangs von einer Epoche in eine neue. Es sind Geschichten vom Ringen einer der großartigsten Städte der Welt um ihre Identität.

Across 110th Street

Harlem im Zeitalter Obamas

Im Schaufenster einer kleinen Wäscherei an der 146th Street in Harlem hängt ein vergilbter Zeitungsausschnitt. Seit vier Jahren klebt er jetzt da, die Farben sind längst verblasst.

Es ist die Titelseite der *New York Daily News* vom 21. Januar 2009. Darauf zu sehen sind Michelle und Barack Obama, wie sie während der Inaugurationsfeierlichkeiten in Washington strahlend der Menge zujubeln. Unter dem Foto steht in riesigen Lettern »A Glorious Beginning«.

Ich laufe beinahe jeden Tag auf dem Weg von der U-Bahn zu meiner Wohnung in der 151st Street an dem Geschäft vorbei, und jedes Mal muss ich daran denken, wie es war, damals, 2008, als man in jedem Geschäft in Harlem solche Ausschnitte sah und als jeder *Barber Shop* die blauen Wahlkampfschilder mit dem Aufdruck »Obama-Biden 08« an der Tür hängen hatte.

Man konnte damals gar nicht genug bekommen von Obama im berühmtesten Schwarzenviertel der USA. Das Gefühl, dass nun wirklich ein glorreiches neues Zeitalter anbricht, lag wie Fliederduft in der Luft. Die Wahl Obamas schien damals ein Signal zu sein, dass die Gleichstellung von Schwarz und Weiß erstmals in der amerikanischen Geschichte mehr ist als nur ein Lippenbekenntnis. Es war ein Hoffnungsschimmer, dass die Versprechen der amerikanischen

Verfassung nun endlich auch für Afroamerikaner gelten, dass sie wie jeder andere am amerikanischen Traum teilhaben können.

Vier Jahre später, im Herbst 2012, waren die Plakate längst wieder aus dem Straßenbild von Harlem verschwunden. Von der Wiederwahlkampagne des Präsidenten war praktisch nichts zu sehen. Der Enthusiasmus für Obama von 2008 schien unter der schwarzen Bevölkerung endgültig verpufft zu sein.

Die Dinge in Harlem gingen ihren Gang, als wäre nichts geschehen. Weite Teile des Viertels waren das gleiche Ghetto, das sie schon immer waren, jenes traurige »Symbol der ewigen Entfremdung des schwarzen Mannes im Land seiner Geburt«, das der Harlemer Schriftsteller Ralph Ellison schon 1948 beschrieb. An den Straßenecken lungerten wie immer arbeitslose Jugendliche herum und verdienten sich mit Drogendeals ein paar Dollar. Mädchen, die viel zu jung waren, um Mütter zu werden, schoben Kinderwagen vor sich her. Die oft kümmerlichen kleinen Gemischtwarenläden zeigten mit großen Pappschildern an, dass sie Lebensmittelmarken nehmen, der Ladenbesitzer war oft durch eine dicke Plexiglasscheibe vor Pistolenkugeln geschützt.

Jede Woche war in den *New York Amsterdam News*, der fünfundneunzig Jahre alten Stadtteilzeitung, zu lesen, dass in den Sozialbausiedlungen wieder junge schwarze Männer gestorben sind, meistens von der Hand anderer junger schwarzer Männer. Die Schüsse, die nachts das laute Treiben und die Musik auf der Straße durchschnitten, waren so alltäglich, dass man sie kaum mehr beachtete.

Gleichzeitig kroch von der 110th Street aus unaufhaltsam die Gentrifizierung in Richtung Norden. Am Frederick Douglass Boulevard, wo vor zehn Jahren noch heruntergekommene oder leer stehende Mehrfamilienhäuser standen, waren dank *Rezoning*-Beschlüssen Harlemer Politiker – der Aufhebung von Nutzungsbeschränkungen – fünfzehn- bis zwanzigstöckige Glashochhäuser mit Luxuswohnungen entstanden, Fitnessstudio und Portierservice inklusive.

Neue Restaurants wie das Red Rooster des Starkochs Marcus Samuelsson bedienten die Zugezogenen, die gut verdienende Oberschicht, die schon längst das übrige Manhattan unterhalb der 110th Street dominierte. Schwarzes Leben war dort nur noch animierendes Dekor – es gab Jazzbrunches im Stil der Harlem Renaissance und an der Wand hingen Sepia-Fotos von Billie Holliday und Duke Ellington. Die alteingesessenen *Harlemites*, die sich hier vermutlich nicht einen einzigen Drink leisten könnten, standen abends oft auf der anderen Straßenseite und betrachteten das seltsame Spektakel mit einer Mischung aus Faszination und Befremdung.

Das schwarze Mekka Amerikas kämpfte weiterhin mit immensen sozialen Problemen – der Aufbruch in eine neue Zeit war ausgeblieben. Und natürlich war es damals naiv zu glauben, dass über Nacht alles anders wird; dass sich die Lage der Schwarzen, die seit ihrer Verschiffung in die Häfen Amerikas auf der untersten Stufe der amerikanischen Gesellschaft kleben, schnell und drastisch ändert.

Die Wäscherei mit der vergilbten Zeitungsseite wirkte zum Ende von Obamas erster Amtszeit wie ein stures Festhalten an einer längst enttäuschten Hoffnung. Wie ein Fossil aus einer untergegangenen Epoche ließ sie jene Tage noch einmal auferstehen, als alles möglich schien und als Harlem das Gefühl hatte, es habe die ganze Welt auf seiner Seite.

Eigentlich wollte ich in der Nacht vom 4. November 2008 zuerst gar nicht nach Harlem fahren. Meine Freunde Sari und Julian hatten zu einer Wahlparty bei sich zu Hause an der Upper West Side geladen. Ich hätte den Abend bequem dort verbringen können, unter meinen weißen linken New Yorker Freunden, denen acht Jahre lang unter George Bush ihr Land fremd geworden war und die nun die Gelegenheit sahen, sich endlich in Amerika wieder zu Hause zu fühlen.

Aber ich merkte schon bald, dass es mich nicht dort hielt. Nicht in dieser Nacht. Ich wollte nach Harlem. Ich wollte dort sein, wo die Wahl Obamas das Ende einer Reise markierte, die nicht Jahre gedauert hat, sondern Jahrhunderte. Ich wollte mit den Menschen zusammen sein, für die die Wahl die Einlösung eines Versprechens bedeutete, die man ihnen seit der Unabhängigkeitserklärung vorenthält.

Als mein Taxi um halb neun an der First Corinthian Baptist Church vorfuhr, war innen die Party schon in vollem Gang. Der Chor und die Band der Kirche heizten der Gemeinde mit R'n'B-Rhythmen ein. Niemanden unter den etwa zweitausend, die hierhergekommen waren, um gemeinsam diese Nacht zu erleben, hielt es in den Bänken, es wurde gesungen und getanzt, mit einer Inbrunst, wie es eben nur Afroamerikaner können, in deren Kirchentradition Musik und Tanz ein Weg sind, Gott zu berühren.

Sie waren jetzt schon selig, noch bevor der erste Staat ausgezählt war. Harlem glaubte daran, dass Barack Obama in dieser Nacht als erster Schwarzer zum Präsidenten der USA gewählt wird. Dabei hatte gerade Harlem lange an Obama gezweifelt. Erst im letzten Moment war die Wählerschaft hier von Hillary Clinton, die an der 125th Street ihr Büro hat, zu Obama umgeschwenkt. Die Clintons, die immer zu Harlem und zum schwarzen Amerika gehalten hatten, waren eine sichere Größe. Aber dieser junge Senator aus Illinois, wer war der denn eigentlich?

Eine Zeit lang tobte die unsinnige Debatte, ob Obama denn überhaupt ein richtiger Schwarzer sei. Man sprach dem Sohn eines Afrikaners und einer Weißen ab, sich mit der afroamerikanischen Erfahrung identifizieren zu können, dass er wirklich versteht, wie Menschen in Harlem denken und fühlen.

Aber auch nachdem man sich dazu durchgerungen hatte, für Obama zu stimmen, nachdem die örtlichen Politiker und Kirchenleute und schließlich auch die Clintons sich hinter ihn gestellt hatten, glaubte auf den Straßen von Harlem noch lange niemand daran, dass er auch gewählt wird. Dass ein Schwarzer tatsächlich Präsident der USA werden kann, das war zu unwahrscheinlich, das entsprach nicht der Lebenserfahrung der Menschen im schwarzen Ghetto.

Doch jetzt sah alles danach aus, als schaffte es Obama tatsächlich. Das Undenkbare war denkbar geworden. Als gegen einundzwanzig Uhr die ersten Staaten ausgezählt waren und auf dem Großbildschirm hinter dem Altar die Ergebnisse angezeigt wurden, verdichtete es sich langsam zur Gewissheit. Die ganze Kirche bebte jetzt in Ekstase, man hörte überall Halleluja-Rufe. Körper zuckten im Takt der Musik, die Hände in die Luft gestreckt, als könnte man so den Heiland berühren, der in dieser Nacht herabgestiegen zu sein schien. Es entlud sich mit einem Mal der ganze Schmerz und die ganze Last der

Demütigung, die sich über Generationen hinweg angestaut hatten.

Auch mir wurden die Augen feucht, obwohl ich als Deutscher mit dem Joch der schwarzen Amerikaner eigentlich nur wenig zu tun hatte. Mir fiel der Mauerfall ein und dass sich 1989 wohl viele DDR-Bürger auch so ähnlich gefühlt haben müssen. Ich erinnerte mich daran, wie ich damals in Frankfurt spätnachts nach Hause fuhr, das Radio andrehte und den Reportern vom Grenzübergang Bornholmer Straße zuhörte. Doch das erschien damals weit weg, viel weiter weg als das jetzt hier.

Meine Orientierung damals war in Richtung Westen und nicht in Richtung Osten. Ich war Student der Amerikanistik, hatte bereits ein Stipendium für die New York University in der Tasche und konnte es kaum erwarten, in den Flieger zu steigen, ob nun die Mauer fällt oder nicht. Die Wiedervereinigung feierte ich bereits mit anderen Austauschstudenten am Deutschen Haus der NYU im Greenwich Village.

Fünfzehn Jahre später zog ich in meine erste Wohnung in Harlem. Die Mieten im Manhattan südlich der 110th Street waren mittlerweile so teuer geworden, dass man sich von einem Reportereinkommen kaum noch ein Zimmer leisten konnte. Die Stadt, die ich einst wegen ihrer Offenheit und Buntheit so geliebt hatte, war fest in der Hand der Banker und der Immobilienmakler. New York war überall immer gleicher und auch ein gutes Stück langweiliger geworden.

Doch Harlem war noch anders. Die Gentrifizierung hinkte noch um Jahre hinterher. Die Zeiten, in denen man um sein Leben fürchten musste, wenn man in der U-Bahn einschlief und an der 125th Street wieder aufwachte, waren zwar vorbei, die schicken Cafés und die Yoga-Studios waren hingegen noch nicht angekommen. Es war der perfekte Zeitpunkt, um hierherzuziehen, der goldene Moment zwischen lebensgefährlichem Ghetto und unbezahlbarem Luxusdistrikt. Und im Winter 2008 war Harlem wieder einmal ein Ort der Hoffnung, so, wie es das seit mehr als hundert Jahren ist.

Ironischerweise war es das Platzen einer Immobilienblase zu Beginn des 20. Jahrhunderts gewesen, das eine Pilgerschaft von Afroamerikanern aus ganz New York in die Gegend nördlich der 110th Street auslöste. Wegen des schon seinerzeit beliebten New Yorker Spiels des Spekulantentums blieben damals die Bauherren auf ihren vornehmen Einfamilienhäusern aus rotem Sandstein, den hübschen *brownstones*, die heute noch das Straßenbild von Harlem prägen, sitzen. Weil der Bau der U-Bahn sich verzögerte, blieben die weißen Käufer aus, man war dazu gezwungen, Schwarze zu nehmen, die aus den Slums im Süden der Stadt in würdige neue Quartiere ziehen konnten.

Bald sprach es sich im ganzen Land herum, dass Schwarze im Norden von New York eine anständige bürgerliche Existenz führen konnten, eine Existenz, wie sie damals für Afroamerikaner nirgendwo anders im Land möglich war. Das Wort vom schwarzen Mekka wurde geprägt. Bis in die dreißiger Jahre kamen knapp hunderttausend Afroamerikaner an der Bahnstation auf der 125th Street an, die meisten aus dem Süden und die meisten mit großen Hoffnungen. Harlem wurde zur Hauptstadt des schwarzen Amerika, schwarze Musik, Kunst und Literatur konnten hier gedeihen, schwarze Intellektuelle und Politiker wie Marcus Garvey und W.E.B. Du Bois entwickelten und verbreiteten hier ihre Gedanken und Schriften.

Doch die sozialen Realitäten waren von Anfang an weniger rosig, als sich das die Migranten vorgestellt hatten, als sie in Georgia und in Mississippi ihr Bündel gepackt und sich auf die Wanderschaft nach Norden gemacht hatten. Auch in New York war Arbeit für Schwarze dünn gesät und schlecht bezahlt und die weißen Vermieter beuteten ihre schwarzen Kunden erbarmungslos aus. So begann mit der Wirtschaftskrise der dreißiger Jahre der Absturz von Harlem zu einem überfüllten Slum – ein Absturz, der in den siebziger Jahren mit der völligen Verwahrlosung seinen traurigen Tiefstand erreichte. Viele Hausbesitzer brannten damals ihre eigenen Gebäude ab, weil sie so wenigstens noch eine Versicherungssumme kassieren konnten. Die verarmten Bewohner konnten schon lange nichts mehr zahlen, Instandhaltung war unmöglich geworden. Wer konnte, floh aus der Stadt, zurück blieb der soziale Bodensatz – ein toxisches Gemisch aus Drogenkriminalität und Elend.

Als ich im Jahr 2005 ankam, hatten sich die Dinge jedoch deutlich gebessert. Wie überall in New York hatte in den neunziger Jahren Bürgermeister Giuliani mit seinen rabiaten Polizeimethoden die Straßen aufgeräumt und die Kriminalitätsraten dramatisch gedrückt. Die Stadt hatte die meisten leer stehenden Grundstücke, wo sich vorher der Müll über verkohlten Bauresten getürmt hatte, aufgekauft, aufgeräumt und für Pfennigbeträge an investitionswillige Bauherren weitergegeben. Überall wurde gezimmert und saniert, es ging voran mit Harlem.

Das Haus Nummer 512 151st, in dem ich einen Mietvertrag für das Apartment 3B unterschrieb, war ein Musterbeispiel für diesen Aufschwung. An der Außenmauer des hübschen fünfgeschossigen Klinkerbaus klebt bis heute eine Messingplakette, die an den Tod zweier Feuerwehrleute erinnert. Sie waren 1982 bei dem Versuch vom Dach gestürzt, Bewohner aus dem brennenden Gebäude zu retten.

Es war ein »heißer Abriss«, wie die damals gängige Praxis des Versicherungsbetrugs genannt wurde. Die 151st gehörte weiland zu den schlimmsten Gegenden der Stadt. Das dreißigste Polizeirevier an der Ecke zur Amsterdam Avenue wurde auch das »Dirty 30« genannt. Die Beamten agierten mehr wie eine Gang als wie Gesetzeshüter. Sie kassierten Schutzgelder von den Ladenbesitzern und Drogendealern und verkauften selbst das Crack weiter, das sie beschlagnahmt hatten.

1993 wurde das Dirty 30 aufgeräumt und mit ihm die Gegend, in der bis dahin Schießereien auf offener Straße an der Tagesordnung gewesen waren. Bald danach erwarb ein Großinvestor, der solche Grundstücke in ganz Harlem aufkaufte, die Ruine der Nummer 512 und sanierte sie mithilfe aus Steuermitteln finanzierter Billigkredite. Die Auflage dafür war eine Mietpreisbindung für einen begrenzten Zeitraum, ab dem die Mieten dann jedoch langsam auf Marktniveau angehoben werden durften. Es war das übliche Gentrifizierungsmodell für Harlem.

So kam ich in den Genuss einer hellen, geräumigen Dreizimmerwohnung. Sie war zwar nicht luxuriös ausgestattet, aber ordentlich – neues Parkett, ein brandneues Bad und Thermofenster. Tausendzweihundert Dollar kostete das gute Stück – genauso viel wie ich zuvor im hippen East Village für ein fensterloses Zwölf-Quadratmeter-Zimmer bezahlt hatte.

Ich war glücklich, ich hatte nach drei Jahren des Vagabundierens von Untermiete zu Untermiete Anker geworfen in New York. Doch das Glücksgefühl war nicht ungetrübt. Es war begleitet von dem ständigen Bewusstsein, im eigenen Viertel ein Außenseiter zu sein. Schließlich war ich einer der ersten Nicht-Schwarzen, die sich hierhertrauten, und wenn man auf die Straße trat, wurde man nie den Gedanken daran los, was die Nachbarn wohl von einem hielten. Sahen sie mich als Eindringling, als einen, der das Viertel für die Investoren sicher macht und die Verdrängung vorantreibt? Oder fand das alles nur in meiner Fantasie statt, und ich war mir des Rassenunterschieds viel bewusster als meine Nachbarn?

Viele Menschen begegneten mir offen und herzlich, so wie die alte schwarze Frau unter mir, die im Rollstuhl saß und mich im Aufzug immer so überschwänglich begrüßte, als wäre ich ihr Sohn. Oder der Mann, den sie den *Cigar Man* nennen, der im Sommer den ganzen Tag auf der Treppe vor unserem Haus saß, das Treiben auf der Straße beobachtete und auf den Sonnenuntergang wartete, zu dem er sich pünktlich den Stumpen anzündete, der ihm tagsüber trocken im Mundwinkel hing. Er war immer zu einem Plausch aufgelegt, meistens darüber, wie es früher war in Harlem. Als das organisierte Verbrechen in den sechziger Jahren noch die Straßen regierte, berichtete er, sei alles noch besser gewesen, damals herrschte wenigstens Ruhe und Ordnung. Die Großkriminellen wie Frank Lucas, bekannt aus dem Hollywoodstreifen »American Gangster«, hatten das Viertel im Griff. Die Probleme hätten erst mit der Zersplitterung in tausend *gangs* und Unter-*Gangs* angefangen, sagte der *Cigar Man* dann und nickte dabei in Richtung der Jugendlichen, die immer ein paar Häuser weiter herumlungerten und die sicher nicht nur Gutes trieben.

Für den *Cigar Man* war klar, das Problem waren nicht die Weißen, sondern diese Jungs, die durch rote oder blaue Kappen, Stirnbänder und Turnschuhe ihre Zugehörigkeit zu den »Bloods« oder »Crips« oder einer deren Unterorganisationen demonstrierten.

Doch nicht einmal von deren Seite wehte einem offene Feindseligkeit entgegen, wenn man den Bürgersteig hinunterspazierte. Manchmal grüßten sie sogar höflich. »Wenn du dich um deine eigenen Angelegenheiten kümmerst«, riet mir einmal einer von ihnen, »hast du hier keine Schwierigkeiten.« Und doch brodelte die Spannung zwischen den Rassen immer unter der Oberfläche und brach sich immer wieder Bahn.

So wie in meinem Lieblingsjazzclub, dem St. Nick's Pub an der 148th Street. Eines Abends war ich mit einem weißen Freund aus *downtown* dort und wir nahmen uns die beiden letzten Stühle in dem dicht gedrängten, winzigen Kellergewölbe. Dabei übersahen wir, dass eine junge schwarze Frau einen Stuhl für ihren Freund frei gehalten hatte. »Das ist wieder typisch«, sprudelte es sofort aus ihr heraus. »Ihr Weißen kommt hierher in eine schwarze Gegend, macht euch breit und tut sofort so, als würde euch alles gehören.«

In solchen Momenten spürte man, dass das Thema Rasse immer präsent war, auch wenn das nur selten offen zur Aussprache kam. Nur in den Wochen unmittelbar nach der Wahl Obamas war das anders, man hatte in Harlem das Gefühl, plötzlich in einer anderen Welt zu leben. Es herrschte eine neue

Offenheit, man schien auf allen Seiten dazu bereit, Obamas Utopie einer postrassischen Gesellschaft auszuprobieren.

Mehr Weiße wagten sich von *downtown* über den Äquator der 110th als je zuvor. Der St. Nick's Pub war freitagabends ein multikulturelles Babel. An der Theke saßen wie immer ältere schwarze Männer, die mit ihren Nadelstreifenanzügen und Pomadenfrisuren so aussahen, als kämen sie schon seit den vierziger Jahren hierher. Dazwischen drängten sich elegante schwarze, weiße und gemischte Paare, weiße Hipster aus *downtown* sowie japanische Jazztouristen, die konzentriert dem *jam* lauschten.

Die schwarzen Stammgäste begrüßten in diesen Tagen die Weißen beinahe überschwänglich und suchten das Gespräch, und es war nichts mehr von der Spannung zu spüren, die sonst in Harlem allgegenwärtig ist, wenn Weiße auftauchen.

Von dieser neuen Offenheit beschwingt kamen die Weißen bald nicht mehr nur zum Jazz. Der Zuzug von Nicht-Schwarzen nach Harlem beschleunigte sich nach 2008 dramatisch. Ende 2009 behauptete eine Statistik, dass in Harlem erstmals seit den zwanziger Jahren die Afroamerikaner nicht mehr in der Mehrheit waren. Hauptgrund dafür war das rasante Anwachsen der hispanischen Gebiete in Spanish Harlem, der Gegend nördlich der 110th und östlich der Park Avenue. Central Harlem war noch immer solide afroamerikanisch. Aber auch der weiße Zuzug beschleunigte sich. Unter den Weißen, die 2010 in Harlem lebten, waren zweiundzwanzig Prozent im Lauf des Jahres hier heraufgezogen.

Zu jeder anderen Zeit hätte all das in Harlem für einen Aufschrei gesorgt. Und natürlich wurde auch diesmal von Identitätsverlust gesprochen. Die *New York Amsterdam News* druckte Leitartikel über den Ausverkauf, das schwarze Nachrichtenportal *Black Agenda* spekulierte über eine Verschwörung: »Es gibt einen Plan, New York City nur noch für wohlhabende Weiße bewohnbar zu machen und er schreitet mit großen Schritten voran. Wenn Viertel profitabel werden, werden die schwarzen Bewohner plötzlich verzichtbar.«

Doch 2009 war noch immer Obama-Frühling und so überwogen die freundlicheren Stimmen. Man beschwor die Harlem Renaissance herauf, die Blütezeit Harlems in den dreißiger und vierziger Jahren, als Harlem zwar auch schon ein überwiegend schwarzes Wohnviertel war, aber die Jazzclubs und Tanzsäle durchmischt waren und eine schwarz-weiße Mittelschicht in den besseren Gegenden koexistierte.

Doch im Verlauf des Jahres 2010 machte sich in Harlem zunehmend die Ernüchterung breit. Wie überall in den USA war man von der Zahnlosigkeit des neuen Präsidenten enttäuscht und von der anhaltenden Wirtschaftskrise frustriert. Und wieder einmal waren die Afroamerikaner in schweren Zeiten die größten Leidtragenden. Während anderswo in New York die Arbeitslosenquote nach dem Börsencrash auf zehn Prozent stieg, war sie in Harlem auf achtzehn Prozent hinaufgeschossen.

Als ich im Herbst 2010 einer Suppenküche im Keller der Soul Saving Station, einer Kirche an der 124th Street, einen Besuch abstattete, traf ich eine der Verzweiflung nahe Gemeindevorsteherin an. »Es kommen jeden Tag mehr Leute, die sich nichts mehr zu essen kaufen können«, sagte Pfarrerin Beverly Oliver, eine stämmige Schwarze mit kurz geschorenem

Haar und wagenradgroßen Ohrringen. Gleichzeitig bekomme sie jedoch immer weniger Zuwendungen aus privater und öffentlicher Hand. »Ich strecke die Mahlzeiten immer mehr«, sagte sie. »Aber bald weiß ich nicht mehr, was ich tun soll.«

Im November 2010 verloren dann die Demokraten in der Zwischenwahl die Mehrheit im Repräsentantenhaus. Die konservative Bewegung erlebte auf dem Rücken der Tea Party ein Comeback.

Gut eine Woche später war ich zu einem literarischen Salon bei dem Harlemer Schriftsteller Quincy Troupe eingeladen. Passend zur Wahl 2010 hatte Troupe den radikalen Essayisten, Dichter und Bühnenschriftsteller Ishmael Reed eingeladen. Reed hatte gerade einen Aufsatz in Buchlänge darüber verfasst, wie die von weißen Rassisten kontrollierten Medien Obama in den Rücken fallen und einen Erfolg seiner Präsidentschaft verhindern. »Barack Obama and the Jim Crow Media – The Return of the Nigger Breakers« hieß das Werk: Die Wiederkehr jener Schergen, die einst neu aus Afrika eingetroffene Sklaven gefügig machten.

Das Buch war eine Klageschrift darüber, wie die Darstellung Obamas in den *mainstrem media* schon seit seinem Auftauchen auf der nationalen Bühne rassistisch gefärbt war. Reed wollte den Mythos der Konservativen demontieren, dass Obama ein Liebling der liberalen Medien sei und dass er deshalb Präsident geworden ist. Das Gegenteil sei der Fall gewesen – er habe trotz der rassistischen Berichterstattung die Wahl gewonnen. Und jetzt, da er Präsident sei, tue das politische Establishment alles, um ihn zu demontieren und zu kastrieren.

Das Zwischenwahlergebnis, so schloss Reed, zeige, dass diese Kampagne langsam Erfolge zeitige. Man sei auf dem besten Wege dazu, den schwarzen Mann wieder aus dem Weißen Haus zu vertreiben. Das Einzige, was die Wahl Obamas bewirkt habe, sei es, die reaktionären Kräfte im Land zu stärken.

An eine postrassische Utopie glaubte im Salon von Quincy Troupe niemand mehr. Die schwarzen Intellektuellen von Harlem waren davon überzeugt, dass der Rassismus unausrottbar tief in allen Institutionen, auf allen Ebenen der amerikanischen Gesellschaft verwurzelt ist. »Natürlich hat man immer die Hoffnung, dass wir das überwinden können«, sagte Troupe bei einem Glas Wein nach Reeds Vortrag. »Aber ich bin da nicht sehr optimistisch.«

Die Wahl Obamas begann in dieser Zeit immer mehr wie ein historischer Unfall auszusehen als wie ein historischer Durchbruch. Je länger Obama im Amt war, desto häufiger schienen die rassistischen Zwischenfälle im Land zu werden.

So wurde im September 2011 in Georgia der schwarze Troy Davis trotz Petitionen von Amnesty International hingerichtet, obwohl es keine handfesten Beweise gegen ihn gab. Davis hatte angeblich einen weißen Polizisten erschossen. In der Vorwahl 2012 mockierten sich die demokratischen Wähler von West Virginia über Obama, indem sie zu vierzig Prozent für einen obskuren Gefängnisinsassen und gegen den Präsidenten stimmten. Der Häftling war natürlich nie ein ernsthafter Kandidat. West Virginia, ein traditioneller Südstaat, wollte lediglich sein Unbehagen mit dem schwarzen Präsidenten zum Ausdruck bringen.

Im Frühjahr 2012 drohten die rassischen Spannungen im Land dann überzukochen. In Florida wird der unbewaffnete schwarze Jugendliche Trayvon Martin von einem Bürgermilizionär erschossen und für die meisten Kommentatoren ist sofort klar: Martin starb nur, weil er schwarz war. Der Generalverdacht der Kriminalität gegen Afroamerikaner rückt in das Zentrum der nationalen Debatte.

Kurze Zeit später treffe ich an der 109th Street in East Harlem Aaron Brown, einen dürren, groß gewachsenen jungen Mann mit kurz geschorenem Kraushaar. Er ist adrett gekleidet, Strickjacke, brandneue Jeans, Prada-Slipper – ein starker Kontrast zur Gangster-Mode, die ansonsten in dieser Gegend von Männern seines Alters bevorzugt wird.

Wir stehen vor dem Eingang eines Backsteinhochhauses, einer jener berüchtigten Sozialbausilos von Harlem, um die Touristen und Besucher aus *downtown* lieber einen weiten Bogen machen. Hier, im zwölften Stock, ist Aaron aufgewachsen und hier leben noch immer seine Mutter und sein vierzehn Jahre alter Bruder. Und hier ist er am 9. April 2011 verhaftet worden.

»Ich habe im Eingang gestanden und darauf gewartet, dass mein Bruder runterkommt«, erinnert er sich. »Wir wollten in meine Wohnung in die Bronx fahren, um den Nachmittag zusammen zu verbringen.« Fünf Minuten habe er da gestanden, als die Polizisten vorfuhren und zu viert auf ihn zukamen, »wie eine Gang«. Brown wurde herumgeschubst, angeschrien, beleidigt, dreimal bis auf die Unterhose durchsucht und schließlich in Handschellen abgeführt. Bis auf eine Dose Pfefferspray, die Brown zur Sicherheit immer dabeihat, wenn er durch Harlem läuft, wurde bei ihm jedoch nichts gefunden. Keine Drogen, keine Waffen, kein Diebesgut.

Brown hat einen Collegeabschluss und arbeitet als Computertechniker im Arbeitsamt. Seine Mutter ist Krankenschwester. Er ist ein ordentlicher, braver junger Mann. Und doch musste er drei Gerichtsvorladungen durchstehen, bis man ihn endlich entlastete. »Ich konnte wochenlang nicht schlafen«, sagt er. »Ich habe gedacht, meine berufliche Zukunft ist vorbei, wenn ich jetzt eine Vorstrafe aufgebrummt bekomme.«

Für Browns Pflichtverteidiger Steve Wassermann, der jetzt auf Entschädigung klagt, ist klar, dass sein Mandant Opfer der mittlerweile berüchtigten »Stop and Frisk«-Strategie der New Yorker Polizei ist. Bürgermeister Giuliani hat einst diese Taktik eingeführt, um gefährliche Bezirke wie Teile von Harlem und der Bronx zu befrieden. Die Klein- und Großkriminellen sollten sich niemals sicher sein können, dass sie nicht jederzeit angehalten und durchsucht werden.

Doch die Taktik, darüber sind sich Bürgerrechtler und Anwälte wie Wasserman einig, schießt schon lange über das Ziel hinaus. 2011 wurden 685.724 Personen in New York angehalten und durchsucht. In achtundachtzig Prozent der Fälle gab es keinen Anlass für eine Verhaftung oder eine Anklage. Nur in zwei Prozent der Fälle wurden Drogen oder Waffen gefunden. Vierundachtzig Prozent der Durchsuchten waren Schwarze oder Latinos. »Stop and Frisk« ist unübersehbar Symptom des gleichen unausrottbaren Rassismus, dem auch Trayvon Martin zum Opfer gefallen ist.

Die Schwarzen und die Latinos New Yorks erdulden seit Jahren still die »Stop and Frisk«-Schikane der New Yorker Polizei. Doch im Frühjahr 2012 haben sie endgültig genug. Im Februar wird in der Bronx der achtzehn Jahre alte Ramarley Graham von der Polizei erschossen. Graham war ohne begründeten Verdacht von Polizisten angehalten worden. Er lief davon, weil er eine geringe Menge Marihuana bei sich trug. Die Polizisten folgten ihm bis in seine Wohnung, traten die Tür ein und feuerten mehrere Schüsse in seine Brust. Wie Trayvon Martin war Ramarley Graham unbewaffnet.

Der Vorfall löst eine Massendemonstration aus, bei der die Eltern von Ramarley Graham und von Trayvon Martin Arm in Arm die Fifth Avenue hinaufmarschieren. Auf den Schildern der Demonstranten ist die Parole zu lesen: »Hautfarbe ist kein begründeter Verdacht«.

In einem flammenden Editorial ruft im Juni sogar die *New York Times* den Polizeichef Ray Kelly auf, diese offensichtlich rassistische Praxis zu beenden. Prominente schwarze Bürgerrechtler sprechen davon, dass schwarze Viertel wie Harlem systematisch terrorisiert werden. Die Soziologin Elizabeth Alexander sagt sogar, dass »Stop and Frisk« Symptom eines »neuen Kastensystems« ist, mit dessen Hilfe ein Großteil der schwarzen Bevölkerung dauerhaft von der Teilhabe an der amerikanischen Gesellschaft ausgeschlossen wird. Nicht jeder junge Mann wird so gut vertreten wie Aaron Brown, viele geben dem Stress der Verhöre nach und nehmen eine Vorstrafe hin, nur um in Ruhe gelassen zu werden. Mit verheerenden Folgen für ihre Zukunft.

Die junge Harlemer Journalistin Sharifa Rhodes-Pitts sieht in »Stop and Frisk« in Harlem vor allem ein Brachialinstrument der Gentrifizierung. »Die Polizeipräsenz wächst in direkter Proportion zur Zahl der Luxuswohnungen«, sagt sie, als ich sie im

Frühsommer 2012 in einem der schicken neuen Cafés an der Lenox Avenue treffe.

Die siebenundzwanzig Jahre alte Rhodes-Pitts, deren bohrender Blick so scharf ist wie ihr Verstand, ist in Texas aufgewachsen. Sie kam nach Harlem, weil sie es ihren Idolen gleichtun wollte, den schwarzen Schriftstellern Langston Hughes und Ralph Ellison, die wie sie aus dem Süden kamen und hier in Harlem einen kreativen Nährboden fanden, ein Umfeld für schwarze Intellektuelle wie kein zweites in den USA.

Doch was sie fand war kein gelobtes Land für Afroamerikaner, kein Fluchtpunkt wie das Paris der dreißiger Jahre für amerikanische Exilschriftsteller. Vielmehr fand sie ein hart umkämpftes, von Spannungen zerrissenes Terrain. »In Harlem spielt sich das ganze Drama eines Bevölkerungsteils ab, der nie ein vollwertiger Teil der Gesellschaft sein durfte.«

Der Titel ihres Buches »Harlem is Nowhere« ist ein Zitat ihres Idols Ralph Ellison, der in seinem Schlüsselroman »Invisible Man« eine ähnliche Reise beschrieb wie die, die auch Sharifa hinter sich hat. Es ist die Reise von einem, der auf der Suche nach einem besseren Leben nach Harlem kommt und von den harten Realitäten ernüchtert wird. Harlem, schließen sowohl Ellison als auch Rhodes-Pitts, ist eine Fantasie. In Wirklichkeit war Harlem immer ein Slum, der weißen Grundbesitzern gehörte.

Daran hat auch Obama nichts geändert. Wenn Rhodes-Pitts das Gerede von der »postrassischen Gesellschaft« hört, dann muss sie mit den Augen rollen. Für sie ist dieses Label nur ein Mittel, der Existenz eines eigenständigen schwarzen Stadtbezirks die Legitimität abzusprechen.

Als liberaler Weißer möchte man darauf entgegnen, dass die Selbstsegregation der Afroamerikaner doch ein Anachronismus sei, und dass sie doch auch die soziale Ungleichheit zementiere. 2008 hätte ich das vielleicht auch noch gesagt. Doch ich bleibe lieber stumm und nicke.

Die Nacht zum 6. November 2012 beginnt in Harlem wie eine ganz gewöhnliche Nacht, man merkt kaum, dass dies ein besonderer Abend ist. Anders als in der Wahlnacht vor vier Jahren ist die Stimmung gedämpft, es ist beinahe gespenstisch ruhig. An der 125th Street, wo sich 2008 Hunderttausende vor einer Großleinwand versammelt hatten, um die Wahl des ersten schwarzen Präsidenten zu feiern, brummt der Verkehr unbeeindruckt durch die Nacht. Die First Corinthian Baptist Church ist dunkel und still.

»Die Menschen sind nachdenklich«, sagt Ron Hansford, ein schwarzer Modedesigner aus Harlem, während er bei einer Wahlparty im Schomberg-Kulturzentrum an der 135th Street seinen Rotwein schlürft. Natürlich hat Hansford, so wie die meisten hier in Harlem, wieder für Obama gestimmt. Nur eben nicht mehr mit derselben Verve.

Doch als sich im Lauf das Abends Obama zentimeterweise einen Vorsprung erkämpft, weicht in Harlem zunehmend die Zurückhaltung. Im Ginny's Supper Club, dem beliebtesten Treffpunkt des eleganten jungen Harlem an der 125th Street, bricht die Menge in lauten Jubel aus, als um halb zehn die Staaten New Jersey und Pennsylvania offiziell an Obama gehen. Als eine Stunde später der Wackelstaat Ohio fällt, ist bei Ginny's die Party schon in vollem Gang, man schwoft zu alten Motown-Klängen durch den Saal. Vier weitere Jahre liegen in der Luft. Um dreiundzwanzig Uhr achtzehn gibt der Kabelsender

CNN auf der Großleinwand am Ende des Raumes dann offiziell den Sieg von Obama bekannt. Der DJ legt »We are family« von Sister Sledge auf und dreht den Regler hoch.

Im Saal macht sich Ausgelassenheit breit, es wird auf den Tischen und auf den Bänken getanzt, die Menschen umarmen sich oder klatschen sich ab wie Basketballer nach einem gelungenen Spielzug. Doch es ist nicht annähernd dieselbe Ekstase, die sich vor vier Jahren auf die 125th Street gelegt hatte. Eher Erleichterung. Es hätte auch schlimmer kommen können.

Geisterstadt der Zukunft

Der Masterplan von 1811 wollte ein wohlgeordnetes modernes New York schaffen. Stattdessen gebar er das größte Chaos der westlichen Hemisphäre

Übersichtlichkeit ist sicherlich eines der letzten Adjektive, das einem in den Sinn kommt, wenn man heute auf der Aussichtsplattform des Rockefeller Center steht und auf die »wunderbare Katastrophe« hinabblickt, als die *FAZ*-Korrespondentin Sabina Lietzmann einmal New York bezeichnet hat. Manhattan ist eine Anhäufung von Puzzleteilen, die niemand richtig zusammengesetzt hat, ein Chaos von Bauformen und Dimensionen, so wirr und inhomogen und gleichzeitig betörend wie ein Spaziergang den Broadway hinunter. New York ist ein Attentat auf die Sinne, die vor der Aufgabe, daraus ein begreifbares Ganzes zu bauen, immer kapitulieren müssen.

Simeon De Witt, John Rutherford und dem New Yorker Gouverneur Morris hätte diese Aussicht wohl nicht gefallen. Als sie 1811 den Generalplan für die Besiedlung und Bebauung von Manhattan anfertigen ließen, strebten sie vor allen Dingen nach einem: Ordnung. Das Grundprinzip ihres Originalplans war der Raster, den die Römer schon benutzt hatten, damit ihre Legionäre sich in den Siedlungen ihrer Kolonien auf Anhieb zurechtfinden konnten. Die Größenordnung, in der für New York ein Netz an regelmäßigen Quadranten über eine noch unerschlossene Landschaft gelegt wurde, war jedoch bis dato noch nie da gewesen.

New York war damals eine kleine Ansiedlung am Südzipfel von Manhattan, nördlich der heutigen Canal Street bestand sie weitestgehend aus Farmland. Harlem etwa war noch ein Dorf, eine gute Tagesreise entfernt. Gerade einmal sechsundneunzigtausend Menschen lebten damals in New York.

Doch die Bedeutung des Seehafens New York wuchs rapide und mit ihm die Bevölkerung. Seit 1790 hatte sich New York verdreifacht und man rechnete damit, dass hier bis 1860 vierhunderttausend Menschen leben würden. Eine pessimistische Schätzung wie sich herausstellen sollte, es wurden mehr als achthunderttausend. Und so fassten Rutherford, De Witt und Morris einen gewagten, manche würden sagen wahnsinnigen Plan.

Ein wenig nördlich der Canal Street, in Höhe der heutigen Houston Street, wurde ein Strich quer über die Insel gezogen. Von hier aus wurde sie bis zur heutigen 155th Street in zweitausendundachtundzwanzig gleichmäßige Parzellen aufgeteilt. Zwölf Avenues teilten das Land in Nord-Süd-Richtung, hundertsechsundfünfzig Straßen in Ost-West-Richtung. Hügel, Täler, Felsen, Gewässer, Bauernhöfe – sie alle waren nur Stolpersteine auf dem Weg zur Verwirklichung der großen kartesianischen Vision.

Die Begründung für die Rasterung des zukünftigen Manhattan klang krämerisch-kleingeistig – die Matrix sollte den Verkauf und die Bebauung der Grundstücke erleichtern. Die Vermarktung New Yorks sollte so reibungslos wie möglich vonstatten gehen. Tatsächlich, so schreibt Rem Koolhaas in seinem Manhattan-Manifest »Delirious New York«, habe es sich jedoch, wenn auch unbewusst, um den ungeheuerlichsten prognostischen Akt in der Geschichte der westlichen Zivilisation gehandelt: »Die Bevölkerung war eine Projektion, die Gebäude waren Phantome, die Aktivitäten, die zwischen ihnen stattfinden sollten, existierten nicht.« New York war, so Koolhaas, eine Geisterstadt der Zukunft.

Somit glaubten die Planer, enge Parameter für das geschaffen zu haben, was Manhattan einmal werden würde. Der Raster, so schrieben sie, werde rechtwinkelige Gebäude produzieren, billig zu bauen und praktisch zu bewohnen. Manhattan sollte eine durch und durch rationale, monotone Stadt werden.

Stattdessen wurde die Insel zum größten Chaos der westlichen Hemisphäre. Der Raster verhinderte die Planung und Gestaltung kompletter Viertel oder Bezirke. Architektonische Differenzierung blieb auf die Grundeinheit des Rasters beschränkt: den Block. Dort brach sie sich jedoch umso machtvoller Bahn. Jeder Block von Manhattan ist ein eigenes Universum, ein eigenes symbolisches System, das seine Bedeutung nicht zuletzt aus dem harschen Kontrast mit dem Nachbarn gewinnt.

Charakteristisch für New York blieb dabei, im kleinen wie im großen Maßstab, der utopische Geist. Jeder Block ist, so wie der Raster insgesamt, eine Vision von der Stadt der Zukunft. Das Rockefeller Center ist die Idee der autarken Stadt in der Stadt, das Empire State Building das nackte, unkontrollierte Unbewusste der technisierten Moderne, die zeigen will, was sie kann. Das Dakota Building und das Waldorf Astoria sind Visionen des Wohnens und Lebens in der Zukunft, die UNO soll die reine Vernunft einer aufgeklärten Menschheit verkörpern, die Radio City

Music Hall sollte Unterhaltung und Massenkommunikation revolutionieren.

Die Ironie bei all dem war freilich, dass im Raster all die Utopien, die von sich glaubten, das letzte Wort zu haben, gleichberechtigt nebeneinander standen. Koolhaas spricht von einer paradoxen »Tradition des letzten Wortes«. Der Raster ließ jedoch nicht zu, dass eine Vision sich durchsetzt, es hat die Stadt radikal demokratisiert. New York hat kein Zentrum, kein Ort ist gegenüber anderen privilegiert.

Davon war auch die neuartige urbane Erfahrung geprägt, die New York anzubieten hatte. Von Block zu Block, von Nachbarschaft zu Nachbarschaft ist New York anders, der Raster produziert harsche kulturelle und ethnische Brüche und Kontraste. Die moderne Stadt ist nicht anders zu begreifen denn als fragmentierte Erfahrung, so wie der Jazz oder die Collage oder der moderne Roman. In New York zu sein, ist eine Erfahrung, die nie ganz aufgeht, für die es keine Formel gibt, aber sie ist dennoch ganz eigen, mit nichts anderem vergleichbar.

Nun ist jedoch das Jahrhundert des Manhattanismus, das 20. Jahrhundert, vorbei. Der Raster hat sich wenigstens in Nordamerika als stadtplanerisches Prinzip durchgesetzt – mit unterschiedlichem Erfolg. Anderswo ist man davon wieder abgekommen.

New York wird den Raster jedoch nicht mehr los. Versuche, wie die des Stadtplaners Robert Moses zur Mitte des 20. Jahrhunderts, es zu durchschneiden, sind auf heftigste Widerstände gestoßen. Moses wollte die gesamte Stadt großräumig neu konzipieren und ordnen, doch er scheiterte letztlich am Widerstand des Rasters. Durchgesetzt hat sich stattdessen die Philosophie seiner erbittertsten Gegnerin

Jane Jacobs, die in ihrem Buch zum »Leben und Tod amerikanischer Städte« die Kleinteiligkeit und die polyphone Vielfalt, die der Raster gebiert, als Quell urbaner Lebendigkeit erkannte.

Selbst dort, wo sich das Prinzip Moses durchgesetzt hat, wird es heute, so gut es geht, revidiert. Am Lincoln Center etwa, wo man die 65th Street, bislang eine tote Autorampe, wiederbelebt und das gesamte Gelände nach allen Seiten zur Stadt hin geöffnet hat. Auch am alten World Trade Center im südlichen Manhattan hatte man ganz im Sinn des Brutalisten Moses das Raster ausradiert. Inmitten des neuen World-Trade-Center-Geländes feiert es jedoch ein Comeback. Es war eines der wenigen Elemente des neuen Bebauungsplans, über das nicht gestritten wurde.

Provinzposse in der Weltmetropole

Wie das Gerangel um Ground Zero ein ganzes Viertel zehn Jahre lang lahmgelegt hat

Minas Polychronakis ist alt geworden in den letzten Jahren, seine Augen haben den Glanz verloren, und wenn er spricht, ist seine Zunge so schwer wie nach einer Flasche Retsina. Er sitzt zusammengesunken in der Ecke seines Ladens an der Wall Street, und wenn ein Kunde hereinkommt, hebt er kaum den Blick.

»Besser«, sagt er, wenn man ihn fragt, wie es ihm geht. Doch man mag ihm das nicht so recht glauben. Der Fünftagebart des siebzigjährigen Griechen, das strähnige, fettige Haar, die Flecken auf seinem Gesicht sagen etwas anderes. »Es gibt wieder Hoffnung«, fügt er an. Doch man hat nicht das Gefühl, dass dieser Mann noch aus tiefstem Herzen hoffen kann.

Minas ist ein Opfer des 11. September 2001, einer, der überlebt hat und der doch nicht überlebt hat. Er hatte ein Schuhgeschäft im Tiefgeschoss des World Trade Center, er war 1977 einer der Ersten, die dort eine Ladenfläche angemietet hatten. Es war eine Goldgrube, er kam mit dem Polieren und dem Besohlen gar nicht nach. Drei Schuhputzer hat er damals beschäftigt, die jeden Tag von neun Uhr morgens bis abends um acht die Pumps und die Halbschuhe der Büroangestellten der Zwillingstürme pflegten. Doch dann kamen die Flugzeuge. Minas hatte noch nicht geöffnet an jenem Morgen, das hat ihm das Leben gerettet. Aber er verlor alles.

Weniger als zwei Jahre später eröffnete er hier an der Wall Street gemeinsam mit seiner Frau, seinen Söhnen und seiner Tochter einen neuen Laden. Obwohl der Stadtteil damals ausgestorben war. Obwohl viele Banken weggezogen waren, weil sie Angst vor einem neuen Attentat hatten oder, was noch häufiger der Fall war, weil sie nur auf eine Gelegenheit gewartet hatten, das Viertel zu verlassen, das ohnehin im Niedergang war. Und weil es hier damals zu gespenstisch war.

Doch Minas glaubte an das Viertel. Er glaubte, dass es wieder kommt. Und er glaubte, dass er so etwas wie eine Verpflichtung hätte, der Gegend treu zu bleiben: »Die Gegend war mein Leben lang gut zu mir«, sagt er. Doch die Gegend kam nicht zurück, jedenfalls nicht rasch genug für Minas. Als ich ihn 2007 besuchte, verdiente er tausend Dollar in der Woche. Er hätte fünftausend Dollar gebraucht, um seine Kosten zu decken. Eine halbe Million Dollar an Schulden hatte er angehäuft. Seine Pläne, sich mit siebzig zur Ruhe zu setzen, hatte er längst aufgegeben.

Jetzt war es Frühjahr 2012 und mittlerweile standen die Dinge tatsächlich etwas besser hier unten am Südende von Manhattan, das sich noch lange nachdem die Straßensperren aufgehoben und die Nationalgardisten abgezogen waren, angefühlt hat wie ein Katastrophengebiet. Die alten Bankgebäude im Finanzdistrikt, oft prachtvolle Art-déco-Wolkenkratzer aus den zwanziger Jahren, waren wieder belebt. Findige Immobilieninvestoren hatten die Hochhäuser in Luxuswohnungen umgewandelt, nachdem die Bankhäuser verschwunden waren, um sich in *midtown* oder in den Vororten anzusiedeln. Sogar das hundert Jahre alte, ikonische Woolworth Building, der älteste und bis heute schönste Wolkenkratzer der Stadt, ist heute eine Wohnburg. Und langsam füllten sie sich auch, trotz der Wirtschaftskrise.

Mit den Apartments kamen auch die Annehmlichkeiten in das Viertel, die zum Lebensstil der gut verdienenden Kleinfamilie gehören. Direkt neben Minas verkaufte die Firma Tumi Ledertaschen für den Geschäftsreisenden, das Basismodell ab sechshundert Dollar. Zwei Häuser weiter bot das Maison au Chocolat Pralinen in Vitrinen dar, als wären es Colliers. Das Pfund Bitterschokolade mit einem Hauch von russischem Tee war für hundertzwanzig Dollar zu haben. An der Ecke hatte Tiffany eine Dependance eröffnet.

Ein wenig von diesem Aufschwung hatte auch Minas abbekommen. Die neuen Nachbarn hatten ihn lieb gewonnen, die Damen ließen sich von ihm die abgebrochenen Absätze wieder ankleben und die Touristen kauften sich bei ihm Schnürsenkel für ihre Turnschuhe. Minas machte zumindest keine Verluste mehr und langsam begann er sogar, daran zu glauben, dass er doch den Tag noch erleben wird dürfen, an dem er im neuen World Trade Center seinen Laden wieder eröffnen kann. Nur noch zwei Jahre muss er durchhalten, bis der zu drei Viertel fertige Turm offiziell eröffnet wird, dessen Baukräne in über fünfhundert Metern Höhe Minas von seinem Laden aus sehen kann.

Die Geschichte von Minas ist die Geschichte von Lower Manhattan, jenem Viertel, aus dessen Mitte vor zehn Jahren die beiden monumentalsten Bauwerke der westlichen Hemisphäre einfach gesprengt wurden. Das Attentat hat die Gegend zwischen dem Hudson und dem East River und südlich der Brooklyn Bridge jäh zum Stillstand gebracht. Und der Neubeginn war so stotternd, dass Alteingesessenen wie Minas langsam die Geduld und die Zeit ausgehen.

An der Fulton Street etwa, die das untere Manhattan von Osten nach Westen durchschneidet, ist der Aufschwung bis heute ausgeblieben. Eine hochmoderne neue U-Bahn-Station an der Ecke Broadway sollte die Menschen aus der ganzen Stadt an die Fulton Street bringen. Die Straße sollte ein eleganter Einkaufs-*Strip* für ganz Manhattan werden, eine Art Fifth Avenue Süd. Aber die Bahnstation war auch elf Jahre nach dem Attentat noch eine Baustelle. So ist die Fulton Street noch immer eine Ansammlung von Ramschläden, in denen sich die Beamten der Behörden an der Centre Street – Niedrigverdiener meist – vor dem Nachhauseweg in die Außenbezirke mit dem Nötigsten eindecken.

Acht Jahre waren verschenkt worden, hier unten in Lower Manhattan, acht Jahre, in denen alles darauf wartete, dass es am Ground Zero vorangeht. Doch bis zum Sommer 2010 passierte nichts in der gespenstischen Baugrube zwischen Liberty und Fulton Street. Bis das Gelände wieder Teil des Gewebes der Stadt wird, dauert es noch mindestens bis zum Jahr 2015.

Immerhin ist der Rohbau des World Trade Center Nummer eins seit dem Sommer 2012 wieder der höchste Bau der Stadt. Der fünfhundertsechsundvierzig Meter hohe Glaskoloss überragt die neue *skyline* des unteren Manhattan, aus der nach 2001 vorübergehend wieder das Art-déco-Juwel Woolworth Building herausstach. Bezugsfertig wird der Bau jedoch erst 2014 und die hundertvier Stockwerke sind noch längst nicht alle vermietet. Hätte nicht der Bauherr selbst, der Staat New York, siebenunddreißigtausend

Quadratmeter angemietet und der Condé Nast Verlag einen satten Rabatt erhalten, wäre der einzige Interessent eine chinesische Finanzfirma geblieben.

Pünktlich zum zehnten Jahrestag der Anschläge wurde zwar das Mahnmal eröffnet, die zugehörige Gedenkstätte lässt allerdings weiterhin auf sich warten. Erneute Finanzierungsstreitigkeiten ließen 2012 ein ganzes Jahr lang jegliche Bautätigkeit dort erlahmen. Die Tausenden von täglichen Besuchern des Siebenhundert-Millionen-Dollar-Wasserbeckens, um das herum die Namen der Opfer in schwarze Stahlplatten graviert sind, werden noch immer umständlich von der Church Street aus durch die riesige Ground-Zero-Baustelle geschleust, um an die Stelle der Andacht sowie den zugehörigen Souvenirshops zu gelangen.

Wenn man New Yorker fragt, wer für die lange Lähmung am Ground Zero verantwortlich ist, dann werden die meisten den Namen eines Mannes nennen: Larry Silverstein. Der kleine, knorrige Immobilienmogul, Sohn eines russisch-jüdischen Immigranten aus Brooklyn, ist in vieler Augen der Bösewicht des 11. September, ein selbstsüchtiger Profiteur, dem das finanzielle Eigeninteresse von Anfang an über das Interesse der Stadt, der Angehörigen der Opfer und der symbolischen Bedeutung des Ortes ging.

Silverstein hatte unmittelbar vor dem 11. September 2001 bei dem Eigner des Geländes, der Hafen- und Transportbehörde Port Authority, einen Pachtvertrag über neunundneunzig Jahre für das World Trade Center unterschrieben. Es war ein riskanter Schachzug, der New Yorker Immobilienmarkt war nach dem Platzen der Dotcom-Blase Ende der neunziger Jahre eher flau. Die Finanzfirmen, die traditionellen Mieter des World Trade Center, schrumpften rapide. Doch Silverstein glaubte an den raschen Wiederaufschwung.

Die Hausse kam, doch Silverstein hatte nichts davon. Stattdessen stand er nach 9/11 vor den Trümmern seines frisch erworbenen Besitzes. Silverstein kassierte zwar eine fürstliche Versicherungssumme für seinen Verlust. Doch er war auch praktisch alleine dafür verantwortlich, das Gelände wieder zu bebauen.

Natürlich hatte der damals bereits Siebzigjährige großes Interesse daran, auf dem Gelände wieder profitable Büroflächen zu errichten und zwar so rasch und so viele wie möglich. Für Diskussionen, dass das Gelände als sichtbare Narbe leer bleiben soll, wie sie etwa anfänglich der damalige Bürgermeister Rudy Giuliani vom Zaun trat, hatte er keine Geduld. Ebenso wenig für die Argumente von Giulianis Nachfolger Michael Bloomberg, der 2002 ins Amt gewählt wurde und für eine vielseitigere Nutzung des Areals mit mehr Wohnraum, Einzelhandel und kulturellen Einrichtungen plädierte.

Bloomberg erhielt in jenen Tagen Rückenwind von einer Gruppe namens R.Dot – eine Abkürzung für »Rebuild Downtown – Our Town«. Dahinter verbargen sich dreihundertfünfzig Architekten, Designer und Stadtplaner, die in der Katastrophe vom 11. September eine Chance sahen. Für sie lag die Misere des unteren Manhattan nicht am Terrorattentat. Die Probleme des Viertels hatten ihrer Meinung nach schon viel früher begonnen – nämlich spätestens mit dem Bau des World Trade Center Anfang der siebziger Jahre. Jetzt, so glaubten die Fachleute unter Federführung der Journalistin Susan Szenasy, habe man die Gelegenheit, die Sünden von damals wiedergutzumachen.

Damals, das waren die sechziger Jahre und Lower Manhattan drohte abzusterben. Die Hafenanlagen an den Flüssen, die das Leben des Viertels lange geprägt hatten, waren mit dem Wachsen der Containerschifffahrt zunehmend bedeutungslos geworden. Das Verladegeschäft wanderte immer mehr nach New Jersey, wo die großen Überseetanker gelöscht werden konnten, die nicht mehr in die Fahrrinne des Hudson passten. Das einzig verbleibende Gewerbe war noch die Radio Row, eine Ansammlung von kleinen Elektronikwerkstätten an der Greenwich Street. Und natürlich die Wall Street.

Doch auch die Finanzwirtschaft begann sich anderweitig zu orientieren. Der Trend der Angestellten in dieser Zeit, in die Vororte zu ziehen, ließ es für die Banken günstiger erscheinen, Büros in der Nähe des Pendlerbahnhofs Grand Central Terminal an der 42nd Street zu unterhalten als im schwer erreichbaren *downtown*.

Zu jener Zeit mietete sich auch der Fotograf Abe Frajndlich hier in der Gegend ein, er nahm sich ein Loft im leer stehenden alten Verlagshaus der längst eingestellten *New York Tribune* am City Hall Park. Frajndlich hoffte wie viele, dass aus der Gegend eine Art neues East Village würde, ein Refugium für Künstler und Kreative wie ihn. »Ich hatte gerade geheiratet, wir hatten ein kleines Kind und ich brauchte Platz für mein Studio und meine Dunkelkammer. Hier unten konnte ich mir das alles noch leisten«, sagt Frajndlich, der bis heute in dem zweistöckigen Apartment mit Blick auf das Rathaus lebt.

Doch Leute wie Frajndlich blieben isoliert, Lower Manhattan wurde nie zu einem Boheme-Biotop. Denn ein Mann hatte andere Pläne für das Viertel: der Bankier und Milliarden-Erbe David Rockefeller. Der Chef der Chase Manhattan Bank sah die Zukunft der Gegend so wie die Zukunft der ganzen Insel nur in einem: in der Finanzwirtschaft. New York war als Welthafen und Handelsplatz groß geworden. Die Bedeutung des Hafens war jedoch schon lange geschwunden, das konnte man gerade an Lower Manhattan sehen. Für Handwerk und Industrie war Manhattan zu klein und der Grund zu wertvoll. Also gab es für Rockefeller nur einen Weg in die Zukunft, wenn New York seinen Status als Weltmetropole behalten wollte: den Weg des Geldes.

Gemeinsam mit seinem Bruder Nelson, dem New Yorker Gouverneur, begann Rockefeller deshalb die ersten Pläne für ein Welthandelszentrum zu schmieden – eine Art Hauptquartier für das globale Finanzwesen. Und mithilfe ihrer Mittel und ihrer Verbindungen kam das Projekt auch rasch ins Rollen. Es wurde eine eigene Gesellschaft zur Planung des Monstrums und zur Entwicklung des Viertels, die Downtown-Lower Manhattan Association (D-LMA) gegründet – eine Allianz aus der Staats- und der Stadtregierung und den Spitzen der Finanzwirtschaft.

Mit dem Bau des World Trade Center wurde die Port Authority of New York and New Jersey beauftragt. Die Behörde, die den beiden Staaten New York und New Jersey untersteht, betrieb bis dahin die Häfen und Flughäfen der Region. Jetzt sollte sie die Reste des New Yorker Hafens vollends nach New Jersey verlegen und an seine Stelle das Herz der zukünftigen Wirtschaft der Stadt setzen.

Die Rockefellers wollten Manhattan in ein neues goldenes Zeitalter führen. Doch stattdessen geriet das, was in den folgenden knapp dreißig Jahren in Lower Manhattan passierte, zu einer idealtypischen Fallstudie für die Begrenzungen groß angelegter Stadtplanung von oben. Der Superblock des World Trade Center, ein trotziges und kühles Symbol der Macht, blieb eine Insel in der Stadt. Das Center unterbrach jäh die Straßenmatrix von New York und das pulsierende Leben, das sie stets hervorgebracht hatte. Die Kleinbetriebe, die sich rundherum ansiedelten, machten ebenso wie das World Trade Center wieder zu, nachdem die Pendlerzüge abends in die Vororte abgefahren waren. Bis auf ein paar Stripclubs und Bars war der Stadtteil nachts tot. »Das untere Manhattan war als Ursprung der Stadt und als Hafenviertel berühmt und historisch«, schrieb der Architekturkritiker des *New Yorker*, Paul Goldberger. »Aber es war zugleich unglaublich langweilig. Es gab nichts, das irgendjemanden, der nicht hier arbeiten musste, dorthin gelockt hätte.«

Das alles hätte nach 2001 Grund sein müssen, es beim zweiten Mal besser zu machen. Ebenso die Tatsache, dass es beinahe zwanzig Jahre gedauert hatte, bis der ganze Büroraum des World Trade Center vermietet war. Rockefeller hatte den Bedarf der Finanzwirtschaft nach einem zentralen Welthauptquartier direkt an der Wall Street massiv überschätzt. Schon in den achtziger Jahren begann man lieber dezentral zu arbeiten. Mehr und mehr Finanzfirmen wanderten nach Connecticut und New Jersey ab. Damit überhaupt Einnahmen hereinkamen, mieteten sich anfangs in das neue World Trade Center die Bauherren selbst, die Port Authority und Behörden des

Staates New York ein. Sonst wäre das World Trade Center leer geblieben.

Doch trotz dieser Pleite wiederholte sich die Geschichte nach 2001 praktisch eins zu eins. Die Stimmen, die eine intelligentere Nutzung des Ground-Zero-Geländes forderten, wurden rasch erstickt. Silverstein fand von Anfang an in Gouverneur George Pataki einen mächtigen Mitstreiter. Der Gouverneur glaubte, ein rascher Wiederaufbau des World Trade Center würde seinen Ambitionen auf eine Präsidentschaftskandidatur zugutekommen. Um die Angelegenheit zu beschleunigen, gründete er bereits im November 2011 die Lower Manhattan Development Corporation (LMDC) – eine Organisation ganz nach dem Vorbild von Rockefellers D-LMA. An deren Spitze standen Größen aus der Finanzbranche wie der ehemalige Goldman-Sachs-Chef John Whitehead oder der Immobilienunternehmer John Zuccotti, der wie Silverstein im unteren Manhattan reichlich profitable Büroflächen verloren hatte. Gegen so viel geballte Macht aus Politik und Kapital hatte auch Bürgermeister Bloomberg keine Chance. Dem Wiederaufbau von Millionen von Quadratmetern Bürofläche stand nichts mehr im Weg.

Doch es kam, wie es kommen musste. Wie Bloomberg und die Stadtplaner von R.Dot prophezeit hatten, bestand auf dem Markt auch nicht im Entferntesten genug Bedarf für so viele Büros. Nachdem er schon nicht annähernd so viel Versicherungsgelder eingetrieben hatte wie erhofft, sah sich Silverstein vor einem massiven Finanzierungsproblem. So musste die Port Authority Silverstein in langen Verhandlungen das Baurecht für den größten Turm, den One World Trade Center wieder abluchsen, damit überhaupt etwas passiert. Der Bau zweier weiterer Türme ist für unbestimmte Zeit storniert. Dennoch wird das gesamte Projekt mit 3,3 Milliarden Dollar an Steuergeldern subventioniert.

Eine Woche nach dem zehnten Jahrestag des 11. September wird Minas Polychronakis durch lautes Geschrei auf der Wall Street von dem Schemel hinter der Theke seines Ladens aufgeschreckt. Minas schleppt sich schwerfällig zur Tür, um zu sehen, was da los ist. Der Anblick, der sich ihm bietet, verwirrt ihn, so etwas hat es hier im Finanzbezirk in den ganzen vierzig Jahren, in denen er hier arbeitet, noch nie gegeben.

Rund drei Dutzend Jugendliche und Studenten, eskortiert von Polizeimotorrollern, marschieren die Straße hinunter in Richtung Börse. Sie haben zottelige Haare und zerlumpte Jeans und sie skandieren Parolen wie »Wir sind die neunundneunzig Prozent« und »Wessen Straßen? Unsere Straßen!«.

Etwa hundert Meter von Minas' Laden entfernt kommt die Meute an einer jener panzersicheren Polizeibarrikaden zum Stehen, die nach 2001 hier aufgestellt wurden. Näher lässt die Polizei die Demonstranten nicht an die Börse heran, obwohl es Sonntag ist und das Parkett noch leerer als ohnehin schon seit der Computerisierung des Aktienhandels. Wie eine in die Enge getriebene Schafherde drängen sie sich nun gegen die Gitter und Boller und blöken ihre Schlachtgesänge an die opaken Fassaden der Bürogebäude.

Es ist der 17. September 2011, der erste Tag von »Occupy Wall Street«. In dieser Nacht werden die Demonstranten erstmals im Zuccotti Park, keinen halben Kilometer von der Wall Street und vom Ground Zero entfernt, campieren.

Der trostlose Park ist ein Asphaltrechteck vor einem Bürohochhaus am sogenannten Liberty Square. Der Bauherr des Gebäudes, LMDC-Vorstand John Zuccotti, hatte ihn einrichten müssen, um die Genehmigung für ein paar Stockwerke mehr an Bürofläche zu erhalten. Es war ein Feigenblatt der Bürgergesinnung, ein Lippenbekenntnis zu öffentlichem Raum und dessen demokratischer Nutzung.

Zwei Monate lassen Zuccotti und die New Yorker Polizei »Occupy« gewähren, bevor sie in einer Nacht- und Nebelaktion den Park so räumen, wie sie einst den Tompkins Square Park geräumt hatten. Zwei Monate, in denen das kleine Rechteck einen bunten und lebendigen Kontrast zur hermetisch abgeriegelten Baustelle des Ground Zero ein paar Meter weiter bildete, auf der sich das Kapital im unteren Manhattan ein neues Denkmal setzt.

An einem verhangenen, melancholischen Nachmittag jenes Herbstes von »Occupy« sitze ich in der Küche von Abe Frajndlichs Loft. Frajndlich zeigt mir den ersten Andruck seines neuen Bildbands, der dem Leben und Sterben der Zwillingstürme gewidmet ist. Es sind sehr persönliche Bilder vom Leben im Schatten der Türme, vom Schock des Anschlags, dem Trauma der Bewohner des Viertels und den Versuchen, irgendwie mit dem Erlebten zurechtzukommen. Die letzte Aufnahme ist ein Luftbild vom unteren Manhattan in Schwarz-Weiß aus dem Jahr 2009. Vom neuen World Trade Center ist darauf noch nichts zu sehen.

Das Buch ist für Frajndlich auch ein Abschiedsgeschenk an das Viertel, mit dem ihn eine lange und komplizierte Zeit verbindet. Er will wegziehen aus Manhattan, weg aus New York, irgendwohin aufs

Land, wo das Leben bequem und billig ist und er in Ruhe arbeiten kann. »Dieses New York ist nicht mehr mein New York. Es ist mir fremd geworden.«

Abe hat seinen Sohn hier in Lower Manhattan großgezogen. Und er hat seine Frau hier verloren. Sie ist vor wenigen Jahren an Krebs gestorben. Sie selbst hat geglaubt, dass es einen Zusammenhang zwischen ihrem Krebs und dem Giftstaub gab, der sich nach dem 11. September in jede Ritze der Wohnung gelegt hat. Auf einem der Bilder in Abes Buch ist der weiße Film auf seiner Fensterbank zu sehen.

Es wäre leicht für Abe, dem 11. September die Schuld am Tod seiner Frau zu geben. Doch Abe braucht keinen Schuldigen: »Es kann sein, es kann aber auch sein, dass das nichts miteinander zu tun hatte«, sagt er. »Wir werden es nie wissen. Und es macht auch keinen Unterschied.« Abe Frajndlich ist nicht zornig. Er hat einfach nur genug.

Bye Bye Chelsea

Der erbitterte Kampf um die letzte Oase der New Yorker Boheme

Auf den ersten Blick ist alles so wie immer im Chelsea Hotel.

Rund um die Lobby hängen die eklektischen Kunstwerke der Hotelbewohner, die zumeist mehr von der Ambition als vom Talent ihrer Schaffer künden und die alle etwas Beängstigendes haben. Von der Decke baumelt wie vermutlich seit Jahrzehnten die *Pink Lady*, ein dickes Pappmaschee-Mädchen in einem rosa Tutu, das auf einer Schaukel hockt und nur darauf wartet, einen Schubs in Richtung 23rd Street zu bekommen. Auf dem Sims über dem kalten Kamin steht eine Büste des langjährigen Hotelmanagers Stanley Bard.

Nur die Menschen fehlen. Die Ledersitzgruppe in der Ecke, in der immer ein paar der Langzeitmieter des Hotels gehockt sind, um zu debattieren, die Zeitung zu lesen oder mit Touristen zu flirten, ist verwaist. Die Rezeption, ein Holzverhau mit Schlüssel- und Postfächern wie aus einem alten Pariser Apartmenthaus, ist zum ersten Mal seit wahrscheinlich mehr als hundert Jahren nicht besetzt. Stattdessen stehen zwei fleischige Aufpasser in schlecht geschneiderten Anzügen breitbeinig im Raum und mustern jeden argwöhnisch, der ein- und ausgeht.

Es ist August 2011 und vor zwei Tagen ist hier das Unvermeidliche passiert, das, was die Bewohner des

Chelsea schon seit Langem haben kommen sehen, wovon sie aber dennoch immer hofften, dass es niemals eintreten würde. Das Chelsea wurde verkauft, und der neue Besitzer machte vom ersten Tag an klar, dass ab sofort hier alles anders wird. Die Tage des Chelsea als dem berühmtesten Künstlerhotel von New York, als Ort, wo man seine Miete mit Gemälden oder Gedichten bezahlen konnte, sind gezählt.

Gerade als die Aufpasser dazu anheben, uns zu fragen, was wir hier zu suchen haben, kommt Arthur Nash, Bewohner der Nummer 207, aus dem klapprigen alten Fahrstuhl und lotst uns ins Haus. Der Kunsthändler, Gelegenheitsschriftsteller, Mafia-Forscher und Kuriositätensammler ist seit Jahren einer der aktivsten Mieter im Kampf gegen die Sanierung des Chelsea und dessen Umwandlung in eine austauschbare New Yorker Luxusabsteige. Der plötzliche Verkauf hat ihm einen Schock versetzt, mit dem er jetzt, zwei Tage später, noch immer spürbar ringt.

»Ich war wie jeden Vormittag in meiner Galerie in SoHo«, erinnert er sich an den verhängnisvollen Tag, »als ich einen Anruf von einem Mitbewohner bekam, ich solle doch ganz schnell zurück ins Hotel kommen.« Nash sprang in ein Taxi und als er an der 23rd Street ausstieg, hatte sich schon eine Meute von Kamerateams um den Hoteleingang geschart.

Auf dem Bordstein, so erzählt er, standen Hotelbewohner in Pantoffeln und verwirrte Kurzzeitgäste mit ihren Rollkoffern und diskutierten aufgeregt mit Reportern, was sich an diesem Vormittag im Hotel abgespielt hatte. Die Zimmermädchen, Rezeptionisten und Portiers waren ohne Vorwarnung ausgesperrt worden. Touristen mit Reservierungen wurden an andere Etablissements in der Gegend verwiesen, Gäste, die bereits mehrere Nächte im Hotel verbracht hatten, wurden gebeten, sich eine neue Bleibe zu suchen.

Seitdem ist das Chelsea ein Gespensterhaus. Unsere Fußtritte hallen durch die mit Mosaik-Klinkern ausgelegten Gänge, während Arthur uns durch das Gebäude führt, das wirkt, als wären seine Bewohner während eines Luftschutzalarms geflüchtet. Verwaiste Handkarren der Putzfrauen stehen verloren auf den Etagen. Die Zimmer, in denen bislang Touristen untergebracht waren, sind mit Vorhängeschlössern versiegelt, die alten Holztüren mit einer dünnen Schicht weißer Farbe übertüncht. »Da hat Bob Dylan gewohnt, als er die ›Sad Eyed Lady of the Lowlands‹ geschrieben hat«, zeigt Arthur auf die weiße Tür mit der Nummer 205. »Und da hinten, das war die Wohnung von Patti Smith.« Aus seiner Stimme klingt eine Mischung aus Bitterkeit und Trauer.

Nur noch die etwa hundert Dauermieter sind jetzt übrig, die wird der neue Besitzer nicht so schnell los wie die Touristen. Schon gar nicht einen wie Arthur, ein stattlicher, einen Meter achtzig großer Mann, dessen Arme furchterregend über und über mit Tattoos bedeckt sind. Arthurs Zimmer ist direkt neben der ehemaligen Dylan-Wohnung, es ist gerade groß genug für ein Bett und ein paar Sessel. In der Ecke stehen ein kleines Waschbecken, ein Elektrokocher und eine Mikrowelle. Der Holzboden ist durchgetreten, an der Wand hängt ein zwei Meter breiter Fotodruck, eine Aufnahme von Jack Nicholson und Stanley Kubrik bei den Dreharbeiten zum Hotel-Grusler »The Shining«. Der Legende nach soll hier der Dichter Dylan Thomas ins Koma gefallen sein, nachdem er in der White Horse Tavern im Greenwich Village achtzehn Whiskey gesoffen hatte.

Arthur gehört zu denjenigen Mietern, für die das Wohnen im Chelsea ein Statement ist. Er ist nicht wie viele andere vor ihm hier angespült worden, er gehört nicht zu dem Strandgut New Yorks, zu denen, die nirgends anders hingehören und die über so viele Jahrzehnte lang im Chelsea ihr Obdach gefunden haben; die von zu Hause davongelaufenen sechzehnjährigen Punks etwa, die mittellosen japanischen Künstler, die alternden Transvestiten und die heroinabhängigen Rockstars wie Deedee Ramone und natürlich auch Sid Vicious, der in der Nummer 100 im Rausch seine Freundin Nancy Spungen abgestochen hat.

Nein, Arthur wollte in das Chelsea, weil es das Chelsea ist, er wollte Teil des Mythos sein. Ein Chelsea-Künstler zu werden war für ihn ein Lebenstraum, und dass er nun seit Jahren im Zimmer von Dylan Thomas wohnt, ist dessen Erfüllung. Jahrelang hat er Chelsea-Bewohnern wie dem Schriftsteller Malcolm Brenner und der New Yorker Nightlife-Ikone Arthur Weinstein nachgestellt, bis sie ihm ein Entree verschafften.

Arthur hat wie kaum ein anderer in den vergangenen Jahren für das Überleben des Chelsea gekämpft, weil es für ihn ein Symbol ist. Ein Symbol für eine Epoche, für eine Weltanschauung: »Es geht doch hier nicht nur um das Chelsea«, sagt er. »Es geht darum, was aus ganz New York geworden ist. Es geht darum, die letzten Inseln in dieser Stadt zu bewahren, die noch nicht von der alles fressenden Marktwirtschaft vereinnahmt worden sind.«

Das Chelsea Hotel ist ein Dinosaurier, ein einsamer Überlebender aus einer anderen Zeit. In den sechziger und siebziger Jahren, als die Stadt heruntergekommen und anarchisch war und einen Nährboden für alle möglichen alternativen und experimentellen Lebensformen bot, war das Chelsea eine Metapher für die Stadt. Heute ist es ein Fremdkörper in einer Metropole, die von der Wall Street regiert wird, in der sich alles nur noch um Luxus und Konsum dreht und in der für die Nicht-Arrivierten, für die Träumer und die Außenseiter kein Platz mehr ist.

Dass das Chelsea ein Asyl für alles und jeden war, der *weird*, der anders, ist, war die Vision eines einzigen Mannes: Stanley Bard. Bard war einer der Erben des Hotels, das 1883 als elegantes Apartmenthaus für Opernsänger und Broadway-Schauspieler gebaut worden war, und übernahm die Leitung 1957. Seitdem war das einzige Kriterium dafür, im Chelsea unterzukommen, ob Stanley Bard dich mochte.

Und Bard mochte alles, was abseitig ist. So nahm er 1972 schon den Transvestiten Storme DeLarverie auf, einen Tänzer aus New Orleans. Storme – der wie »Stormy«, also »stürmisch«, ausgesprochen wird – hatte 1969 die Stonewall Riots ausgelöst, den Aufstand der Homosexuellen, der heute als Gründungsmoment der amerikanischen Schwulenbewegung gilt. Storme ließ sich die Polizeischikanen in den Schwulenkneipen im Greenwich Village nicht mehr gefallen und schlug einen Polizisten nieder. Es war der Beginn einer dreitägigen Straßenschlacht. Alleine diese Tat genügte Stanley Bard, um Storme ein Zimmer zu geben.

Oder beispielsweise Herbert Huncke, das Maskottchen der Beat-Clique um Jack Kerouac, Allen Ginsberg und William S. Burroughs. Huncke war Ende der dreißiger Jahre nach New York gekommen. Er war damals schon heroinabhängig und finanzierte sich seine Sucht als männliche Prostituierte am Times Square. Zugleich war er jedoch ein Liebling der New Yorker Künstlerszene – neben den Beats gehörten die Jazzlegenden Charlie Parker und Dexter Gordon zu seinen besten Freunden. Einmal wurde er zusammen mit Dexter Gordon verhaftet, während die beiden ein Auto aufbrachen. Nach vielen Jahren des Driftens fand er im Chelsea Unterschlupf. Zuletzt bezahlten die Grateful Dead seine Miete, bevor er 1997 starb.

Natürlich hatte Bard jederzeit auch ein Zimmer für Künstler, die nach einem Refugium suchten, ob für ein paar Wochen, ein paar Monate oder ein paar Jahre. Arthur Miller stieg nach seiner Trennung von Marilyn hier ab und schrieb im Chelsea einige seiner berühmtesten Stücke. Andy Warhol lebte in den sechziger Jahren hier und drehte seinen ersten erfolgreichen Film »Chelsea Girls«. Madonna war in den achtziger Jahren hier, bevor sie zum *Material Girl* wurde und kam zurück, um ihr Buch »Sex« zu fotografieren. Julian Schnabel, Robert Mapplethorpe, Regisseur Abel Ferrara, Joni Mitchell und Songwriter Ryan Adams haben im Chelsea gelebt.

Das Geschäftsmodell von Bard war ebenso eigenwillig wie sein Auswahlverfahren für Mieter. Hohe Instandhaltungskosten hatte er nicht, das Chelsea wurde praktisch nie gründlich renoviert. Die Kurzzeitgäste, die wegen des Flairs ins Chelsea kamen, sorgten für einen regelmäßigen Strom an Einnahmen. Die Mieter hingegen zahlten, was sie konnten oder was sie wollten. Mietverträge gab es nicht.

So entstand ein einmaliges Gebilde an der 23rd Street, eine Mischung aus utopischer Kommune, Drogenhöhle und Kultstätte. Es war ein Ort, an dem ein anderes Zeitmaß galt, an dem die Tage an einem vorbeidrifteten und der Geist frei umherschweben konnte. »Oh won't you stay / We'll put on the day / And we'll talk in present tenses«, singt Joni Mitchell in »Chelsea Morning«, das sie 1969 im Hotel geschrieben hat.

Bis Mitte der neunziger Jahre war das Hotel in seiner ganzen heruntergekommenen Verrücktheit ein organischer Bestandteil seiner Umgebung. Der Stadtteil Chelsea war ein ebenso postapokalyptisches Sozialexperiment wie der einst prachtvolle zehnstöckige rote Klinkerbau, der mit seinen Zinnen und Türmchen wie ein Schloss über der 23rd Street thront. Im benachbarten Meatpacking District war zwischen den Großschlachtereien der Straßenstrich der Transvestiten, rund um das Chelsea wimmelte es von Leder und S-und-M-Bars. Die Homo-Subkultur nistete sich gerade ein, die Gentrifizierung hatte noch lange nicht begonnen.

Doch dann erging es Chelsea wie vorher schon den Boheme-Vierteln East Village und SoHo. Die Kunstgalerien kamen, dann die schicken Restaurants und Cafés. In den Meatpacking District zogen Edelboutiquen und Nachtclubs ein, vor denen sich freitagnachts überschminkte junge Frauen an die aufgespannten Samtseile drängeln und versuchen, an den Türstehern vorbeizukommen. Für jede Folge von »Sex and the City« wurde mindestens eine Szene hier gedreht. Die Mieten schossen wie überall in Manhattan in obszöne Preisregionen. Das Chelsea war plötzlich eine potenzielle Goldgrube. Der Druck auf Stanley Bard wuchs immer mehr, aus dem Hotel mehr Profit zu schlagen, so lange, bis sich 2007 die anderen Anteilseigner gegen ihn verbündeten und ihn von seinen Managementfunktionen enthoben.

Stanley Bard hat sich nie von dem Schock erholt. Er ist seitdem schwer krank und völlig zurückgezogen. Seinen Fuß über die Schwelle des Hotels zu setzen, bringt er nicht mehr über das Herz.

Arthur Nash war einer der Ersten, der gegen die Entlassung von Stanley Bard auf die Barrikaden ging. Schon Tage nachdem Bard von seinen Mitbesitzern aus dem Hotel ausgesperrt worden war, hängte Nash ein riesiges Laken vor seinen Balkon, auf das er in bunten Lettern »Bring back Bard« gesprüht hatte. Und als das neue Management anfing, die alte Dylan-Wohnung neben ihm zu demolieren, um sie in eine Luxussuite zu verwandeln, reichte er Klage beim Wohnungsamt wegen Ruhestörung ein.

Zusammen mit einer Handvoll anderer Mieter fuhr Arthur fortan eine konsequente Obstruktionspolitik. Sie machten praktisch jeden größeren Renovierungsversuch unmöglich. Sie nahmen sich Rechtsanwälte und erstritten sich Verträge mit Mietpreisbindung, die sie praktisch unkündbar machten. Das neue Management musste seine Sanierungspläne immer mehr zurückfahren. Nach 2008 tat die Wirtschaftskrise das Übrige. Sie gaben auf und suchten einen Käufer.

Doch nicht alle Chelsea-Bewohner solidarisierten sich mit Nash und seinen Mitstreitern. Der irische Schriftsteller Joseph O'Neill etwa, der bis vor Kurzem im sechsten Stock gewohnt hat, distanziert sich entschieden von den Krawallmachern. »Diese Leute haben nie für uns alle gesprochen«, sagt er, während wir etwa eine Woche nach dem Chelsea-Verkauf in einem Café in der Nähe des Hotels sitzen.

Joseph O'Neill hat einen weit weniger sentimentalen Blick auf das Chelsea als Arthur Nash. Er wollte nie ein »Chelsea-Künstler« werden, ihn zogen nicht die Geister von Andy Warhol und Janis Joplin an die 23rd Street. Ihn trieb keine Nostalgie nach der alten *Downtown*-Boheme, sondern die schiere Notwendigkeit. Als er 1998 aus England nach New York kam, stand er vor dem gleichen Problem, vor dem viele Einwanderer hier stehen. Ohne überprüfbare amerikanische Bank- und Kreditkartendaten würde ihm kein Vermieter in New York einen Mietvertrag geben. Außer Stanley Bard.

Ironischerweise wurde O'Neill jedoch genau das, was er nie werden wollte. Der gebürtige Ire ist der vielleicht letzte bedeutsame Künstler, der im Chelsea gelebt und gearbeitet hat. Sein Roman »Netherland«, der im Chelsea entstanden ist und in dem das Chelsea eine zentrale Rolle spielt, gewann 2008 den renommierten PEN-Preis und wurde von der *New York Times* zum Buch des Jahres gewählt. Unter Kritikern gilt er als der bislang gelungenste Roman über das New York der Post-9/11-Ära.

Aus dem Chelsea zog O'Neill Anfang 2011 aus – aus privaten Gründen, wie er sagt, auf die er nicht weiter eingehen möchte. Seine Frau und seine beiden Kinder, die im Chelsea aufgewachsen sind, wohnen noch immer dort.

Natürlich sind die Parallelen zwischen seiner Situation und dem Erzähler seines Buches kein Zufall. Die Hauptfigur in »Netherland« ist ein holländischer Geschäftsmann, der nach den Anschlägen des 11. September seine Wohnung in der Nähe von Ground Zero räumen musste und im Chelsea landete. Seine Frau nimmt den 11. September als Vorwand, um ihn und New York zu verlassen und hinterlässt ihn in einem Zustand der Halt- und Orientierungslosigkeit.

Ich frage O'Neill, ob für ihn das Chelsea eine Metapher für die Welt nach dem 11. September ist. Der sonst so eloquente Erzähler streicht sich durch den Zehntagebart, lässt den Blick durch den Raum wandern und gibt dann eine ausweichende Antwort. »Es war eine rein instinktive Entscheidung, meinen Helden dort wohnen zu lassen, er musste ja irgendwo wohnen.«

Lieber redet O'Neill davon, was das Chelsea für ihn persönlich bedeutet hat. Wie es von einem Ort, an den man geht, weil man nirgendwo anders hingehen kann, zur Heimat geworden ist, »einer Heimat, die mehr Heimat ist als alles, was ich bisher kannte«. Wie für ihn das Chelsea die Dinge verkörpert, die das Leben in einer Großstadt ausmachen: »Das Chelsea ist ein verdichtetes Modell der urbanen Erfahrung. Es ist unvorhersehbar und überraschend, man wusste im Chelsea nie, was einem begegnen würde, wenn man auf den Gang trat. Und gleichzeitig war es einladend. Es hieß jeden willkommen, egal woher er kam, so wie die moderne Stadt jeden aufnimmt.«

Natürlich passt dieses Bild des Chelsea auch bestens auf die Zeit nach dem 11. September und O'Neill weiß das genau, auch wenn er sich dagegen sträubt, sein eigenes Werk zu deuten. Es war eine Ära, in der viele Menschen den Boden unter den Füßen verloren hatten und sich in einer neuen Welt einrichten mussten, in der es nichts Vertrautes mehr gibt; und es war zugleich eine Gelegenheit, neue Welten zu entdecken und vor allem auch einander.

Doch das ist nun alles Vergangenheit, in New York geht alles wieder seinen unbeirrbaren kapitalistischen Gang. Auch O'Neills glückliche Zeit im Chelsea ist vorbei, eine Zeit, in der er zwei Kinder gezeugt und zwei Romane geschrieben hat. »Seitdem sie Stanley rausgeschmissen haben, ist das Chelsea tot«, sagt er unsentimental und dezidiert. »Stanley war das Herz des Chelsea und wenn man aus einem Organismus das Herz herausreißt, dann kann er nicht mehr lange überleben.« Sich dagegen zu stemmen, so wie Arthur und die anderen, hält er für müßig. Es bedeutet, sich gegen den Lauf der Welt zu stemmen.

Als ich eine Woche später noch einmal an die 23rd Street fahre, ist dem Organismus des Hotels die Fäulnis schon sichtbar in die Glieder gekrochen. Die *Pink Lady* schaukelt nun einsam durch die Lobby, die übrigen Kunstwerke sind von den neuen Besitzern abmontiert worden. Auch die Gänge in den zehn Stockwerken, die wie Balkone über dem zentralen, lichtdurchfluteten Treppenhaus hängen, sind kahl. Die Werke, die über Jahrzehnte von den Bewohnern hier hinterlassen wurden, sind verschwunden, niemand weiß, wohin. Nur unter dem Glasdach baumelt noch ein riesiges Mobile von Arthur Weinstein, das aus Künstlerporträts besteht, darunter Joseph Beuys und Klaus Kinski, Ikonen der siebziger Jahre.

Viele der Glasschwingtüren, die zu den Seitenflügeln führen, sind eingeschlagen. Bei den Endzeitpartys, die nach dem Verkauf am letzten Wochenende hier stattgefunden haben, ist es, wie man hört, hoch hergegangen. Die Dachterrasse mit ihren verwinkelten kleinen Parzellen zwischen den verwitterten Giebeln und Türmchen ist mit zerbrochenen Stühlen und Tischen übersät. Aus den Blumenkästen kriecht vertrocknetes Gestrüpp.

Wir klopfen an der Nummer 222 bei Man Lai, einer Halbfranzösin, Halbchinesin, die seit mehr als dreißig Jahren im Chelsea lebt. Ihre Wohnung ist riesig, zwei Schlafzimmer, zwei Bäder, ein Salon und ein Balkon zur 23rd hinaus, direkt neben den Neonlettern mit dem Hotelnamen, die vertikal die Fassade hinunterklettern. Man bekommt einen Eindruck davon, wie das Chelsea zu Beginn des 20. Jahrhunderts gewesen sein muss, als es auf den zehn Stockwerken verteilt nur zwölf Wohnungen gab.

Es ist schwer für Man Lai, sich nicht aufzuregen, wenn sie von den Ereignissen der vergangenen Woche redet. Zuerst, sagt sie und ihre Stimme überschlägt sich fast dabei, habe sie gar nicht wahrhaben wollen, was da passiert. Der alte Portier Jerry, der schon so lange im Hotel ist wie sie, hatte sie schon vor Wochen gefragt, ob sie ihm nicht ein Empfehlungsschreiben geben könne. Sie habe gerne ja gesagt, aber dabei nicht zwei und zwei zusammengezählt.

Selbst an dem Morgen, an dem es geschah, fiel bei ihr noch nicht der Groschen. »Ich bin morgens aus dem Haus gegangen und habe nur gedacht, was wollen denn die ganzen Reporter da? Wahrscheinlich warten die auf irgendeinen Prominenten.« Als sie abends zurückkam, war dann schon alles vorbei. »Alle waren weg, Jerry und die anderen, man konnte sich nicht einmal mehr verabschieden.« Man Lai brauchte erst einmal einen Drink, sie ging nebenan in die El Quijote Bar, wo schon andere Mieter über ihren Margaritas saßen. »Als uns allen klar wurde, was das bedeutet, sind einige Tränen geflossen.«

Man Lai ist in den siebziger Jahren als junges Model aus Europa nach New York gekommen. Sie hatte keine Papiere und kein Geld, dafür umso mehr Ambition und Lebenslust auf New York. Stanley Bard mochte sie auf Anhieb und gab ihr ein Zimmer.

Über die Jahre wandelte Man Lai ihre Laufbahn

in einen Job als Stylistin und Eventplanerin um. Sie bekam Zwillinge, die beide im Chelsea aufgewachsen sind. Vierundzwanzig Jahre ist das her. »Meine Mädels erkennen eine Transe aus hundert Metern Entfernung«, scherzt sie darüber, wie das Chelsea ihre Töchter geprägt hat.

Trotz der Verrückten und der Drogenpartys ist Man Lai davon überzeugt, dass das Chelsea der perfekte Ort war, um Kinder großzuziehen. »Es ist eine Familie, es ist ein Dorf. Jeder hier kümmert sich um jeden, ich konnte meine *girls* immer bedenkenlos im Haus herumstreunen lassen.« Die vermeintlich Asozialen stellten sich als überaus fürsorglich heraus.

Einen Mietvertrag hat Man Lai allerdings nie bekommen. Darüber, wie viel sie bezahlt, redet sie nicht. »Einmal hat Stanley mir gesagt, dass er mehr Geld haben will«, erinnert sie sich. Vor fünfzehn Jahren war das. »Ich habe einfach nein gesagt.« Danach habe er es zwar noch einmal versucht, doch irgendwann sei das Thema dann wieder versandet.

Jetzt wartet Man Lai wie die anderen bange darauf, zu erfahren, was der neue Besitzer wohl vorhat. Doch bisher hält er still und lässt die Mieter zappeln. Man sieht nichts von ihm und hört nichts von ihm, er ist wie ein Gespenst.

Der *New York Observer* hat herausbekommen, dass es sich bei dem Käufer um Joseph Chetrit handelt, einen der reichsten Männer im amerikanischen Immobiliengeschäft. Der frühere Sears Tower in Chicago gehört ihm, der höchste Wolkenkratzer der USA, und auch eine ganze Reihe prestigeträchtiger Objekte in New York. Klar ist vor allem eines – Chetrit hat einen langen Atem und tiefe Taschen und ein unmissverständliches Profitinteresse.

Draußen auf der 23rd Street dämmert es mittlerweile. Durch Man Lais Fenster schimmert das Empire State Building, dessen Krone wie an jedem Abend mit bunten Scheinwerfern angestrahlt wird. Der Neonschriftzug neben ihrem Fenster bleibt hingegen wie schon seit Tagen dunkel.

Was würde Man Lai denn machen, wenn sie aus dem Chelsea hinaus müsste, frage ich sie. »Keine Ahnung«, zuckt sie mit den Schultern. »Ich wollte eigentlich hierbleiben, bis sie mich raustragen.« Und wenn es doch hart auf hart kommt? »Dann gehe ich zurück nach Europa.«

Anderswo in New York als im Chelsea zu leben – ein solcher Gedanke ergibt für Man Lai keinen Sinn.

Ein Mann namens Pferd

Unterwegs mit dem schnellsten Radkurier von New York

Ich schaue dem Mann, den sie Pferd nennen, für einen Augenblick über die Schulter und am liebsten würde ich jetzt laut »Scheiße« schreien. Das Display auf meinem Fahrradtacho kratzt an den fünfundvierzig Stundenkilometern, mein Puls hämmert gegen meine Schläfe und mein Vordermann, dessen Pass tatsächlich auf Austin Horse lautet, rast frontal auf eine Lücke zwischen einem Stadtbus und einem Taxi zu, die sich rapide schließt.

Niemals würde ich so durch Manhattan fahren, doch Horse ist der beste Kurier der Stadt, Weltmeister der Fahrradboten, und ich hoffe darauf, dass ich das alles schon irgendwie überleben werde, wenn ich nur das Gleiche mache wie er. Auch wenn ich weiß, dass das vermutlich nicht sehr vernünftig ist.

Austin bremst nicht, das kann er auch gar nicht, denn sein Eingangrad hat gar keine Bremsen. Stattdessen legt er einen Zahn zu, erhöht seine Schlagzahl auf hundertzwanzig Pedalumdrehungen in der Minute. Die Kurbel des Gefährts wirbelt nun wie die Rotorblätter eines Hubschraubers, in denen die Strahlen der New Yorker Frühsommersonne tanzen. Während er mit höchstens fünf Zentimetern Platz rechts und links zwischen den Fahrzeugen hindurchschlüpft, tatscht er sanft auf die Kühlerhaube des Taxis, so, als könnte er den Wagen wegstupsen. Und tatsächlich, der Pakistani am Steuer versteht das Zeichen, korrigiert seine Linie und gibt mir gerade genug Raum, damit meine Pedale nicht den Lack seiner Beifahrertür zerschrammen.

Es ist eine Kamikazemission, zu versuchen, das Hinterrad von Horse zu halten, selbst für erfahrene New Yorker Fahrradpendler. Auf zwei Kilometern Broadway, der Durchschnittsentfernung einer Lieferung, lauert mindestens ein halbes Dutzend Mal der Tod. Eine Autotür öffnet sich plötzlich rechts. Ein Lieferwagen überholt links und schneidet dir mit einem abrupten Rechtsschwenk den Weg ab. Der Verkehr rauscht im Zentimeterabstand an deiner Schulter vorbei und plötzlich tut sich vor deinem Vorderrad ein dreißig Zentimeter tiefes Schlagloch auf. Oder ein Fußgänger springt, das Handy am Ohr, unvermittelt zwischen zwei Autos hervor auf die Straße.

Der New Yorker Verkehr ist für Radfahrer noch immer die Hölle, eine zutiefst feindliche Umgebung, auch wenn Bürgermeister Bloomberg sich alle Mühe gibt, die Stadt fahrradfreundlicher zu machen. Hunderte von Kilometern an Fahrradwegen hat er in den vergangenen Jahren anlegen lassen und ab Sommer 2013 sogar ein Mietradprogramm geplant. Und tatsächlich pendeln mittlerweile mehr als eine Viertelmillion New Yorker täglich mit dem Rad zur Arbeit. Doch es ist noch immer ein halsbrecherisches Unterfangen. Fünftausend Radler werden jährlich verletzt, dreizehn kamen im Jahr 2010 zu Tode.

New York ist nun einmal nicht Kopenhagen oder Amsterdam, so gerne die ehrgeizige Verkehrsdezernentin Janette Sadik-Khan Manhattan auch diesen Städten angleichen möchte. Das, was den Puls von New York ausmacht, die extreme Dichte, verwandelt die Straßen in ein anarchisches Chaos. Jeder Zentimeter Asphalt ist hier so umkämpft wie der Gazastreifen, von Taxis, Fußgängern, Bussen, Skateboardern, und niemand überlässt freiwillig jemand anderem den Vortritt. Zivilisiertes Radeln im westeuropäischen Stil, in gemäßigtem Tempo und unter Beachtung der Verkehrsregeln, ist in Manhattan nicht möglich. Man würde an den Rand gedrängt, von der Verkehrswelle gnadenlos überrollt werden.

Doch Austin Horse ist ein anderes Wesen als wir Durchschnittsradler. Er ist perfekt an diese Umwelt angepasst, sie ist sein Biotop. Das fängt bei seinem Fahrrad an. Es ist ein Spezialrad aus einer Werkstatt in Brooklyn, bis ins Detail den Bedürfnissen des Straßenkriegers angepasst. Das Rad weist keines der Accessoires auf, die bei gewöhnlichen Rädern als Standard gelten. Gangschaltung? Fehlanzeige. Schließlich ist Manhattan topfeben und Komponenten wie Schalthebel, Umwerfer, Schaltzüge oder Zahnkränze verschleißen viel zu leicht, als dass sie den Belastungen von sechs wöchentlichen Achtstundenschichten in New York bei Wind und Wetter standhalten würden. Das ständige Erneuern der Teile wäre für einen Kurier viel zu teuer.

Bremsen? Ebenfalls Fehlanzeige, obwohl man eigentlich meinen müsste, dass sie im New Yorker Verkehr ein überlebensnotwendiges Utensil sind. Doch Horse und seine Kollegen sparen sich das Gewicht auch dieser Verschleißteile.

Anstatt auf herkömmliche Weise ihr Rad mit Gummibacken anzuhalten, die sich in die Felge beißen, verlangsamen New Yorker Radkuriere ihr Arbeitsgerät mit der gleichen Bewegung, mit der sie es beschleunigen. Ihre Bikes haben keinen Freilauf, das bedeutet, dass die Pedale sich immer mitdrehen, wenn die Räder sich drehen. Zur Entschleunigung stemmt man sich dem Druck der Pedale entgegen. Abruptes Halten ist praktisch nicht möglich. Für den Notfall beherrschen diese Männer jedoch ein Manöver, das man lieber nicht ausprobieren sollte, wenn man kein artistisches Talent hat: Das Hinterrad wird blockiert und bricht zur Seite aus, das Fahrrad dreht sich einmal um sich selbst und kommt quietschend zum Stillstand. Nicht selten malt der Gummiabrieb des Hinterrads dabei einen schwarzen Halbkreis auf die Straße.

Im Idealfall passiert das jedoch niemals. Die Kunst des Überlebens im Verkehr von New York besteht darin, immer in Bewegung zu bleiben. Austin Horse hat diese Kunst perfektioniert, deshalb ist er der Beste seiner Zunft.

Wenn er auf eine Kreuzung in Midtown Manhattan zusteuert und die Ampel rot wird, dann stemmt er sich für drei Tritte gegen sein Pedal, um etwas Speed rauszunehmen und einen Einblick zu bekommen, was von links oder rechts kommt. Verlangsamen heißt dabei, das Tempo auf vielleicht nur fünfzehn Stundenkilometer zu drosseln. Dann hat Horse zwei Möglichkeiten, in Bewegung zu bleiben: Entweder er huscht rasch zwischen zwei Autos durch oder der Verkehr ist dazu zu dicht und er biegt ab, lässt sich von seinem Strom davontragen und kalkuliert seine Route neu. Nur im äußersten Notfall kommt er komplett zum Stand, doch auch dann setzt er niemals seine Zehenspitze auf den Asphalt. Stattdessen bleibt er wie ein Bahnsprinter auf den Pedalen stehen und lauert, bis sich die nächste winzige Lücke auftut, durch die er dann hindurchschießen kann.

Wenn Austin Horse versucht, seine Kunst zu erklären, dann spricht er gerne vom *flow* der Großstadt, davon, dass der Verkehr von Manhattan seinen eigenen Rhythmus hat und dass man ihn in sich aufsaugen muss, um in ihm zu bestehen – so, wie ein Surfer die Energie einer Welle in sich aufnimmt. »Man darf sich nicht gegen den *flow* stemmen«, sagt er. »Man muss ihn lesen, ihn fühlen, ihn benutzen.«

Wenn er diese Welle erwischt, erklärt Horse, dann kann das ein einmaliges *high* sein, ein unglaublicher Kick. Er fühle sich dann wie der König der Stadt. »Ich sehe dann nur die Leute, die in ihren Autos sitzen und nicht vorankommen und nicht wissen warum, während ich mich mit fünfzig Sachen durch New York bewege, gerade so, wie ich es will. Ich bin vollkommen in Kontrolle, wie bei einem Videospiel, wo ich zwischen Feinden, die auf mich schießen, hindurchschlüpfe.«

Natürlich ist das eine Gratwanderung, ein Tanz auf dem Vulkan. Die Welle kann in jedem Augenblick über einem zusammenbrechen. Erst vor ein paar Wochen ist Austin von einem Taxifahrer von seinem Rad geholt worden, der dann auch noch über seinen Knöchel gerollt ist. Wie durch ein Wunder ist Horse unverletzt geblieben. Ein Kollege von seiner Firma Samurai Messengers hat nicht so viel Glück gehabt. Er ist auf dem Nachhauseweg vom Abendessen nach seiner Schicht angefahren worden. Gebrochenes Handgelenk. Sechs Wochen Arbeitsunfähigkeit. Eine Katastrophe.

In solchen Augenblicken wird selbst Austin daran erinnert, dass das Radkurierfahren in New York nicht nur Actionsport ist, sondern vor allem auch ein Knochenjob. Rund zweihundert Dollar pro Schicht nimmt er mit nach Hause, nach acht Stunden, in denen er seinen Hals riskiert hat; nach bis zu hundertfünfzig Radkilometern in den Abgasen der Stadt, bei Sonne, Regen, Schnee oder Eis.

Es ist nicht die einfachste Art, sich seinen Lebensunterhalt zu verdienen und Austin wünscht sich bisweilen, dass er eine Alternative dazu hätte. »Ich liebe mein Leben als Kurier«, sagt er. »Aber manchmal wäre ich froh, wenn ich noch andere Optionen hätte.« Jetzt, mit achtundzwanzig, sei das zwar noch kein drängendes Thema, aber ob er das mit fünfzig noch machen will, da ist Horse sich nicht sicher. Doch den Gedanken schiebt er lieber noch ein wenig vor sich her.

In das Gewerbe hineingerutscht ist Austin Horse alleine, weil er noch nie etwas lieber tat, als Fahrrad zu fahren. Als Jugendlicher in einem Vorort von Houston in Texas entdeckte er seine Liebe zum Rad und fing an, Mountainbike-Rennen zu fahren. Doch der Ölstaat Texas war keine Gegend, in der das Radfahren einen fruchtbaren Nährboden hatte. Die Szene war klein und isoliert. So zog er, sobald er die Highschool abgeschlossen hatte, nach Portland im Staat Oregon, der fahrradfreundlichsten Stadt der USA, wo dreißig Prozent aller Fahrten per Drahtesel erledigt werden und wo die Dutzenden Fahrradschmieden einer der stärksten Wirtschaftsfaktoren sind.

Horse begann dort ein Studium, in der Hauptsache arbeitete er jedoch schon als Kurier und fuhr nebenbei Rennen. Bald musste er sich eingestehen, dass das Studium nur noch eine Fassade war und dass er in Wirklichkeit längst zu einem Vollblutkurier geworden war. Und so entschloss er sich, zu dieser Identität zu stehen und nach New York zu gehen –

in das Zentrum der Radkurierkultur, dort, wo in den siebziger Jahren alles angefangen hatte.

Damals wurde das noch junge Radkuriergewerbe von Fahrern aus der Karibik dominiert, bettelarme *Rastafarians* von den Inseln, die es gewohnt waren, knochenhart für ihr Geld zu arbeiten. Sie erfanden diese *single speed bikes* für den Straßenverkehr aus reiner Not – sie hatten kein Geld für richtige Fahrräder und schraubten sich Schrottteile zusammen, die sie auf der Straße fanden. Ein Rahmen, zwei Räder, Pedale, ein Lenker, ein Sattel – mehr brauchten sie nicht.

Auf diesen Gefährten bewegten sie sich jedoch derart behände durch den New Yorker Verkehr, dass sie bald Nachahmer fanden. Es wurde cool, wie die Jamaikaner auf rostigen *single speeds* durch New York zu jagen. Sogar eine eigene Szene von Underground-Rennen entwickelte sich, die sogenannten »Alley Cat Races«. Dabei müssen die Teilnehmer wie bei einer Schnitzeljagd ein Dutzend Punkte in der Stadt ansteuern – wie sie die Punkte verbinden, ist ihnen überlassen. Gefragt sind die Kuriertugenden Straßenkenntnis, Orientierung, Geschwindigkeit und maximale Risikobereitschaft. Bei den anschließenden Dosenbierbesäufnissen wird unter anderem der spektakulärste Sturz gefeiert. Für viele Teilnehmer enden die Rennen im Krankenhaus.

Seit Beginn des 21. Jahrhunderts ist diese Subkultur immer stärker in den Mainstream geschwappt. Unter den Hipstern von der Lower East Side und Williamsburgs ist ein *single-speed* obligatorisches Modeaccessoire. Echte Kuriere wie Horse sehen das mit gemischten Gefühlen. Leute, die das Gerät nicht beherrschen, möchten sie lieber nicht auf den Straßen von New York sehen und das Nachahmen ihres Berufs ohne dessen Härten einstecken zu müssen, finden sie bisweilen lächerlich. Andererseits beschert Horse, der heute die »Alley Cats« ebenso dominiert wie die offiziellen Kurierrennen auf abgesperrtem Kurs, die breite Popularität der Kurierkultur einen gewissen Star-Status. Wenn Kuriere für TV-Serien oder Filme gebraucht werden, wird Horse für die Stunts angeheuert. Sogar einen Sponsor hat er, der ihm Rad und Ausrüstung zahlt. Doch ohne die tägliche Mühe des Kurierjobs kommt Horse noch immer nicht aus.

Der Startschuss zu seinem Arbeitstag fällt, sobald er sich mit seinem Smartphone bei seiner Zentrale einloggt. Ein paar Minuten später kommt dann die SMS mit dem ersten Auftrag.

Heute fängt der Tag gleich mit Hochdruck an. »Ein *triple*«, sagt Austin trocken, während er am Küchentisch seiner WG in Brooklyn noch seinen Kaffee schlürft. *Triple* ist Branchencode für höchste Dringlichkeitsstufe, eiligste Terminsache. Innerhalb von weniger als zwei Minuten hat er seinen Dreißig-Liter-Rucksack auf dem Rücken, seinen Gurt mit Fahrradschloss, Ersatzreifen und Werkzeug umgeschnallt und schnappt sich eines der etwa fünfzehn Räder, die in einem zur Werkstatt umfunktionierten Raum im Erdgeschoss des Hauses direkt unterhalb der Williamsburg Bridge an der Wand hängen.

Die nächste Viertelstunde ist ein einziger langer Sprint. Vollgas über die Brücke, wo unmittelbar neben dem Radweg die U-Bahn ohrenbetäubend entlangdonnert, quer durch Chinatown, links, rechts durch Straßen, deren Schilder zu schnell vorbeifliegen, um die Namen zu lesen. Vor dem Büro einer Werbeagentur in einem alten umgebauten Kaufmannskontor an der Prince Street hüpft Austin dann noch im Fahren von seinem Rad, zückt in einer Bewegung sein Schloss aus dem Gürtel, bindet sein vier Kilo leichtes Arbeitsgerät an ein Straßenschild und verschwindet in einem Aufzug.

Mein Herzschlag hat sich von der Hatz noch nicht wieder beruhigt, da kommt Horse aus dem Gebäude, schnappt sich sein Rad und springt wie ein Rodeoreiter aus vollem Lauf in den Sattel. »26th und Park«, ruft er mir noch zu, falls wir uns verlieren, und tatsächlich ist er keine zehn Blocks weiter nördlich zwischen den Taxis entschlüpft. Meine Beine brennen und der Mut sinkt, dabei hat Austins Schicht gerade erst angefangen.

Doch auch das gibt es. Nach einer guten Stunde ist Austin an der 34th Street gestrandet. Sein letzter Job hat ihn in ein Gebiet gebracht, in dem schon drei andere Kollegen unterwegs sind, das Revier ist überfüllt. Nach zwanzig Minuten des Herumlungerns auf dem Bürgersteig mit Kollegen, die gerade in der Gegend sind, entschließt er sich, in eine Espressobar zu gehen.

Und natürlich kommt die nächste SMS aus der Zentrale genau in dem Augenblick, in dem Horse sich gerade den Zucker in sein Getränk rühren will. Wieder ein *triple*. Vorsichtshalber hat er sich schon einen Pappbecher geben lassen. Er stülpt einen Deckel darüber und bevor sein Begleiter es sich versehen kann, sitzt er wieder im Sattel, Kaffee in der Hand, im Gegenverkehr zwischen hupenden Autos hindurch die Fifth Avenue hinaufstrampelnd.

Gleich vier Päckchen gibt es jetzt abzuholen bei einer PR-Agentur an der Madison Avenue. Während Austin die Päckchen in seinen Rucksack stopft, kalkuliert er die Route, rechnet aus, wie er die vier Punkte am effizientesten verbindet. Times Square. Columbus Circle. Union Square. Chelsea. Immer am Anschlag, immer im *flow*.

Irgendwo auf der Sixth Avenue verliere ich ihn wieder und bin darüber letztlich gar nicht so arg böse. Das Spiel mit dem plötzlichen Verkehrstod zerrt an den Nerven und das mörderische Tempo lässt die Beine zittern wie Espenlaub.

Später, am Ende seiner Schicht, treffe ich den Mann namens Pferd auf dem Weg zurück nach Brooklyn wieder. Hundert Kilometer ist er heute durch New York gerast, doch genug hat er noch lange nicht. Er hat es eilig, was auch sonst, muss zurück in die WG, Klamotten wechseln, das Rad austauschen und dann hinausfahren auf das Floyd Bennett Field, einen stillgelegten Militärflugplatz nicht weit von Coney Island. Da findet heute Abend ein Radrennen auf dem verwitterten Rollfeld statt, das Austin für eine gute Vorbereitung auf die Kurierweltmeisterschaften hält.

Einer wie er muss in Bewegung bleiben. Ich hingegen schleppe mich zurück nach Manhattan und genehmige mir erst einmal ein großes Bier. Selten war es so schön, einfach nur still zu sitzen und das Leben der Stadt an sich vorbeirauschen zu lassen.

Überlebenskampf in der Kleiderkammer

Der Garment District, New Yorks letzter Handwerksbezirk, ist vom Aussterben bedroht

Es ist voll heute im Laden von Gary Babb, und das, obwohl der New Yorker Winter den Verkehr mit gewaltigen Mengen von Schnee beinahe zum Erliegen gebracht hat und die Menschen durch knöcheltiefe Eiswasserpfützen den Broadway hinunterstapfen müssen. Zwischen Garys Regalwänden drängen sich die Kunden aber trotzdem Schulter an Schulter, lassen die Fingerspitzen über die Stoffrollen gleiten, die dort aufgestapelt sind, schneiden sich kleine Fetzen ab und betrachten sie dann am Fenster im Tageslicht, um die Farben zu prüfen.

Die Fashion Week im New Yorker Lincoln Center steht bevor, die Designer und die Schneider der großen Labels arbeiten hektisch an letzten Änderungen, und da haben Geschäfte wie jenes von Gary, einem alteingesessenen Stoffhändler an der 40th Street, Hochkonjunktur. Jemand von Calvin Klein war heute schon hier, Oscar de la Renta und Marc Jacobs haben ebenfalls jemanden vorbeigeschickt, berichtet Gary stolz.

Früher ging es hier im Garment District, dem alten Stammbezirk der Textilbranche, jeden Tag so zu. Früher, vor dreißig Jahren, als Gary ein junger Mann war, im Laden seines Vaters Stoffrollen schleppte und der Distrikt viermal so groß war wie heute; früher, als es hier noch große Nähereien gab, die für die Modehäuser an der Seventh Avenue die komplette Kollektion fertigten, und als von morgens bis abends Schneidergehilfen Anzüge und Kostüme auf großen Kleiderständern über die 39th und die 40th Street schob.

Heute hingegen ist der Garment District dabei, zu verschwinden. Nur während der Modewochen im Frühjahr und im Herbst machen die wenigen verbliebenen Stoff-, Knopf- und Bortenhändler hier noch ein wirklich gutes Geschäft, ansonsten kämpfen sie ums Überleben. »Ich liebe dieses *business* noch immer«, sagt Gary, ein kleiner, korpulenter Jude mit einem dichten Zottelbart. »Mein Vater hat es gemacht, mein Großvater hat es gemacht, und ich habe nie etwas anderes gekannt. Aber es wird immer frustrierender.«

Der Abstieg der New Yorker Kleiderkammer, des letzten echten Handwerksbezirks der Stadt, so erinnert sich Gary, begann etwa Anfang der neunziger Jahre. Damals fingen die Modedesigner an, ihre Produktion verstärkt in die Billiglohnländer Ostasiens und Südamerikas zu verlagern. Die großen Lofts im Garment District, in denen seit den dreißiger Jahren in Serie genäht wurde, verschwanden nach und nach.

Davon, dass einst der Großteil der Kleider für die gesamten USA hier entstanden ist, kündet heute nur noch das Denkmal für den anonymen Garment Worker an der Seventh Avenue, eine Bronzestatue eines Nähers. Für die Stoff- und die Zubehörgeschäfte wurde es immer schwieriger, sich hier zu halten. »Mehr als drei Viertel von ihnen sind verschwunden«, glaubt Gary. Das Geschäft hat sich auf Kostümbildner für den benachbarten Theaterbezirk verlagert, auf kleinere Designer, die sich aus Prinzip weigern, in Übersee schneidern zu lassen, und auf den Bedarf für die Fertigung der Prototypen, die Einzelhändlern vorgeführt werden, bevor eine Kollektion in Serie geht.

Doch selbst das Letztere fällt nach und nach der Digitalisierung und Globalisierung zum Opfer. Die deutsche Modedesignerin Astrid Hahnekamp, die für das New Yorker Label Design History arbeitet, erzählt, dass sie ihre Entwürfe nur noch als PDF nach Hongkong schickt. Vier Tage später bekomme sie dann ein Paket mit einem Muster zurück. Ihre eigene kleine Kollektion hat sie hingegen einstellen müssen, weil es in New York keine Möglichkeit zur Produktion mehr gibt. »Entweder man näht alles selbst. Oder man geht nach China. Für mittlere Modefirmen gibt es hier in New York keinen Platz mehr.«

Für Hahnekamp gibt es deshalb eigentlich keinen Grund mehr, in ein Geschäft wie jenes von Gary zu gehen. Trotzdem macht sie es immer wieder – und sei es nur für den eigenen Privatbedarf. »Man kann einfach nicht vernünftig schneidern, wenn man Stoffe nur im Internet aussucht«, sagt sie. »Ich muss doch wissen, wie ein Stoff sich anfühlt, wie er fällt, wie schwer er ist.« Außerdem kommen ihr die besten Ideen, wenn sie bei Gary oder bei B&J Fabrics, dem größten verbliebenen Traditionshaus im Viertel, durch die Gänge laufe und sich die Hunderten verschiedenen Rollen von Baumwolle, Seide, Samt und Spitze anschaue. »Erst wenn man das sieht, kommt man doch auf wirklich interessante Gedanken, was man denn mit so einem Stoff anfangen kann.«

Wenn sich der aktuelle Trend fortsetzt, werden sich Hahnekamp und ihre Kollegen die Inspiration jedoch bald in irgendwelchen Großhandlungen in den Vorstädten New Jerseys holen müssen. Die

Hoffnung im Garment District schwindet von Tag zu Tag. »Ich glaube nicht, dass es uns in zehn Jahren noch gibt«, glaubt Gary Babb.

Mit dem Verschwinden der Nähereien aus dem Viertel hat eine Abwärtsspirale für den Garment District begonnen. Die Stadtregierung hatte einst einen bestimmten Anteil an Mietfläche für die Textilindustrie reserviert. Ohne die großen Schneidereien konnten die Vermieter diese Fläche aber nicht mehr mit Kunden aus der Branche füllen. Die Stadt war dazu gezwungen, die Nutzungsbindung aufzuheben. Das weckte Begehrlichkeiten, zumal in Manhattan ab Mitte der neunziger Jahre die Immobilienpreise explodierten. Immer mehr Lofts wurden in Luxuswohnungen umgewandelt. Immer mehr schicke Restaurants nisteten sich hier, nur drei Minuten vom Times Square entfernt, in Räumlichkeiten ein, die vorher Knöpfe und Borten im Schaufenster platziert hatten.

All dem zum Trotz ist das Viertel jedoch noch immer nicht komplett durchsaniert. Es ist eine der letzten Gegenden Manhattans, in denen die Gentrifizierung noch nicht vollständig abgeschlossen ist. Zwischen die letzten Stoffläden mischen sich Elektronikdiscounter, Pornoläden und heruntergekommene Irish Pubs. »Die Modebranche ist nur noch in Stücken da, etwas Neues hat aber noch nicht ihren Platz eingenommen«, beschreibt Gary die Lage treffend.

Bürgermeister Michael Bloomberg ist diese Situation ein Dorn im Auge. Der Medienunternehmer und Multimilliardär mag sein Manhattan aufgeräumt und kapitalfreundlich, er sieht seine Stadt als sicheren Spielplatz für die gut verdienende Finanz- und Informationselite. Deshalb würde er gerne die verbliebene Textilindustrie in einem oder in zwei Gebäuden konzentrieren, als eine Art lebendes Museum für das New Yorker Handwerk. Der Rest der Gegend soll für die Immobilienspekulanten freigegeben werden, um noch mehr Luxuswohnungen, teure Boutiquen und schicke Restaurants zu bauen. »Der Bürgermeister ist unser Feind«, ist sich Gary deshalb sicher, »die Stadt tut nichts, um uns zu helfen.«

Dabei wirbt Bloomberg nur allzu gerne damit, dass New York ein internationaler Modestandort ist und die Fashion Week eine der wichtigsten Modeschauen der Welt. Davor, dass die großen Labels wegziehen, wenn es gar keine Produktion mehr gibt, hat Bloomberg offenbar keine Angst. Er vertraut darauf, dass es weiterhin dem Image der Modeschöpfer zuträglich ist, New York als Firmensitz nennen zu können; auch wenn das nur noch bedeutet, dass hier das Hauptquartier für Marketing und Vertrieb ist und ein paar Designer ihre Computer stehen haben.

Eine Gruppe von New Yorker Modeschöpfern weigert sich jedoch, diese Fragmentierung zu akzeptieren. Sie haben eine Organisation zur Rettung des Garment District gegründet und lassen aus Prinzip nur vor Ort schneidern. »New York kann unmöglich beanspruchen, ein Modezentrum der Welt zu sein, und gleichzeitig keine ernst zu nehmende Produktion mehr vor Ort haben«, sagt die malaysisch-amerikanische Designerin Yeohlee Teng, die eine der treibenden Kräfte hinter der Organisation ist.

Für Teng und ihre Kollegen geht es um mehr als nur um die Rettung des Viertels, den Widerstand gegen die grassierende Gentrifizierung oder um New York als Modestandort. Es geht für sie um eine gesellschaftliche Dynamik, die weit über die Bekleidungsbranche hinausweist. »Wir müssen uns doch überlegen, wo wir als Kultur hinwollen«, sagt Teng. Mit der Einheit von Entwurf und Produktion, von Geschäft und Handwerk geht für diese Modeschöpfer etwas Wesentliches verloren.

Gary Babb hat derweil wesentlich konkretere Sorgen. Seine Ladenmiete wird von Jahr zu Jahr teurer, er hat immer größere Probleme, seine Angestellten zu bezahlen. Die Angebote, die er immer wieder von großen Labels bekommt, ihm seinen Laden abzukaufen, klingen für ihn immer verlockender – auch wenn es ein Familienbetrieb in dritter Generation ist. Paron Fabrics an der 40th Street würde dann eine Musterwerkstatt für Donna Karan oder für Ralph Lauren, ein Ort, wo schnell mal ein Prototyp genäht oder für die Fashion Week ein Modell nachgebessert werden kann.

Mit dem, was der Garment District einmal war, hätte das freilich nicht mehr viel zu tun. Aber es wäre immerhin besser als die Auslagerung nach Hongkong – für New York als Modestandort und für die Einheit von Entwurf und Produkt. Aber was würde Gary dann machen? »Keine Ahnung«, sagt er und zuckt mit den Schultern. Ein Leben ohne den Garment District, wo er schon als kleiner Junge Stoffe geschnitten hat, ist für ihn einfach nicht vorstellbar. Vielleicht wartet er deshalb doch noch ein wenig mit dem Verkauf. Noch kommen ja ein paar Leute, um Stoffe zu kaufen. Noch ist der Garment District ja nicht tot.

Das goldene Herz Manhattans

Nirgends ist die Energie New Yorks so unmittelbar zu spüren wie morgens um acht im Grand Central Terminal

Das Ächzen der sich öffnenden Zugtüren ist wie der Startschuss zu einem Marathonlauf. Innerhalb einer Zehntelsekunde ist der Bahnsteig Nummer hundertneunzehn schwarz vor Menschen, die im Laufschritt die Rampe zur großen Haupthalle des New Yorker Grand Central Terminal hinaufhasten. Von dem Augenblick an, in dem ihre Schuhspitzen erstmals den Boden von Manhattan berühren, nehmen die Vorstadtpendler den hektischen *beat* der Stadt auf, werden Teil eines schwindelerregenden Strudels, der wie eine Zentrifuge Millionen von Menschen von hier aus in die Straßen New Yorks schleudert. Nirgends ist der Takt und die Energie von Manhattan so unmittelbar zu spüren wie morgens um acht am Grand Central – jene Energie, die Manhattan ebenso faszinierend wie überwältigend macht.

Nur nicht stehen bleiben. Immer weiter, zum anderen Ende der Halle, die Rolltreppe hinab in die U-Bahn. Oder hinaus auf die Straße in die lange Schlange am Taxistand auf der 42nd Street, wo im Sekundentakt gut gekleidete Damen und Herren in die umliegenden Bürowolkenkratzer von *midtown* abgeholt werden. Dazwischen schnell bei Hudson News in der Passage von der Halle zur Straße eine *New York Times* vom praktisch positionierten, hüfthohen Stapel am

Kioskeingang gegriffen und der indischen Verkäuferin eine vorausschauend in die Hosentasche gesteckte Dollarnote zugeschoben. Oder einen Pappbecher Capuccino mit auf den Weg, der bei Starbucks unter dem Ostbalkon um diese Uhrzeit im Fließbandtempo abgefüllt wird. Wenn Grand Central das Herz von New York ist, dann rast um acht Uhr morgens der Puls und reißt die Stadt aus ihrer frühmorgendlichen Trägheit wie ein vierfacher Espresso.

Nichts hemmt an Grand Central den steten Fluss der Massen in die Büros, in die Organe der mächtigen Wirtschaft dieser Metropole. Jeder Schritt, jeder Handgriff sitzt hier in der Rushhour. Die Rädchen in der Maschinerie von Grand Central greifen perfekt ineinander und ebenso perfekt in das größere Räderwerk der Metropole.

So entsteht wie durch ein Wunder an den unaufhörlich surrenden Drehkreuzen zu den U-Bahn-Gleisen kein Stau, obwohl pro Minute Tausende hier durchkommen. Der New Yorker navigiert so vorausschauend und präzise durch dieses Nadelöhr, dass er niemandem in die Quere kommt. Nur nicht den *flow* unterbrechen, nicht den eigenen und nicht den der anderen. Immer in Bewegung bleiben – das ist das oberste Gebot an diesem Bahnhof, in dieser Stadt. Im Informationspavillon in der Mitte der Haupthalle gibt der uniformierte Bedienstete so rasch und exakt Auskunft, dass die Kunden vor seinem Gitter sowie die Schlange hinter ihnen praktisch niemals zum Stehen kommen. »Der Zug nach Chappaqua um neun Uhr fünfundvierzig, Gleis fünfzehn. Der Nächste! – Stadtpläne im Kiosk am Durchgang zur Lexington Avenue. Der Nächste! – Nach New Jersey wollen Sie? Da sind Sie am falschen Bahnhof, Sie müssen mit der

U-Bahn-Linie 7 zur Pennsylvania Station fahren.« Nicht ein einziges Mal muss er etwas nachschauen, während er in gleichbleibend ruhigem Tonfall alle nur erdenklichen Fragen beantwortet und dazwischen kaum einmal Luft holt.

Erst als gegen zehn Uhr am Vormittag der Menschenstrom abebbt, ist es möglich, innezuhalten und die ganze Pracht des fast hundert Jahre alten Beaux-Arts-Baus auf sich wirken zu lassen, der Ende der neunziger Jahre für zweihundertfünfzig Millionen Dollar vollständig restauriert wurde. Aus zwanzig Meter hohen schlanken Bogenfenstern an der Ost- und der Westseite der großen Halle fällt schräg das Licht auf den polierten Sandsteinboden, der sich tausend Quadratmeter weit ausbreitet. Die Fahrscheinschalter an der Nordseite sind mit verschnörkelten Messinggittern verziert, und über dem Pavillon in der Hallenmitte thront die berühmte vierblättrige Uhr aus Opalglas, deren Wert auf zwanzig Millionen Dollar geschätzt wird. Die Gleise, zu denen niedrige Rundbögen führen, sind tief unter der Erde versteckt. Von lautem Bahnverkehr und hässlichen modernen Zügen ist weit und breit nichts zu sehen.

Es ist kaum zu fassen, dass noch vor zwanzig Jahren Grand Central ein heruntergekommenes, schmuddeliges Asyl für Obdachlose und Drogenabhängige war. Das Schrumpfen des Bahnverkehrs zugunsten von Flugzeug und Automobil hatte die Instandhaltung des opulenten Baus nach dem Krieg immer schwieriger gemacht. Die Finanzkrise der Stadt New York tat ihr Übriges. Ende der sechziger Jahre sollte der Prachtbahnhof sogar abgerissen werden.

Doch eine Bürgervereinigung unter Führung von Jackie Onassis stemmte sich gegen die Abrissbirne und klagte vor dem Obersten Gerichtshof erfolgreich den Denkmalschutz für das Gebäude ein. Mitte der neunziger Jahre, als die Stadt in Geld schwamm, restaurierte die Bahngesellschaft MTA dann das Gebäude für die Pendler aus den wohlhabenden Vororten im Norden, die jeden Tag hier ankommen.

So ist Grand Central heute ein Palast, dessen Prunk die ganze Macht der Wirtschaftskapitale New York ausstrahlt. Jetzt, zwischen Morgen-Rushhour und *lunch*, wird Grand Central plötzlich immer weniger Verkehrsknotenpunkt und immer mehr eines der vornehmsten Einkaufs- und Dienstleistungszentren von Manhattan. In der Ost-Lobby, einer kleinen Halle nahe dem Ausgang zur Lexington Avenue, gönnt sich ein Geschäftsmann eine kleine Arbeitspause am Vormittag. Er hat sich in einem der ausladenden Ledersessel der Schuhputzer dort niedergelassen, die Boulevardzeitung *Daily News* auf seinem Schoß ausgebreitet und lässt sich seine hellbraunen Lederslipper für drei Dollar polieren. »Spit and Cream« heißt die Behandlung, aus der Zeit, als die Schuhputzer tatsächlich noch mit Spucke arbeiteten.

Zwischen der Haupthalle und der Lexington Avenue werden die Auslagen des vornehmsten Lebensmittelmarkts der Stadt auf den *Shopping*-Ansturm zur Mittagspause hergerichtet. Unmengen von Forellen aus Idaho und Lachsen aus Alaska, Schinken aus Tirol, Pecorino aus der Toskana und Champagner aus der Champagne warten appetitlich drapiert auf die verwöhnten *shopper*. Gleichzeitig bereiten sich im Tiefgeschoss, in einer kleineren Halle unter der Haupthalle, die Lebensmittelstände und Schnellrestaurants auf die *Lunch*-Zeit vor. Bei Hale and Hearty Soups dampfen aus mindestens drei Dutzend Töpfen ebenso viele Suppensorten, daneben bietet die Brooklyner Traditionsgaststätte Junior's ihren berühmten Käsekuchen an. Dazwischen kann man zwischen Sushi, Curry oder koscheren *knishes* wählen, Sandwiches mit allen nur denkbaren Belägen von Roast Beef bis zu gegrilltem Gemüse, Jumbobrezeln mit Senf oder Eissorten mit Geschmacksrichtungen von grünem Tee bis zu weißer Schokolade.

Links führt ein schmaler Gang noch tiefer in das Innere des Bahnhofs zu einem weiteren Gewölbe, das sich plötzlich überraschend vor einem auftut. Durch den Saal von der Größe eines Münchner Bierkellers schlängelt sich die endlos lange Theke der Oyster Bar. Dutzende von Austernsorten vom Fischmarkt in der Bronx warten dort auf Eis in Holzkisten darauf, bei einem Champagner oder einem Martini zum Abschluss eines Multimillionen-Dollar-Deals oder auch nur zu einem raschen Rendezvous geschlürft zu werden.

Graham Peake hat sich heute allerdings nicht für Austern, sondern für Farfalle Putanesca entschieden. Der britischstämmige Unternehmensberater sitzt in einem legeren Strickpullover an der Theke des Pepe Rosso, einem italienischen Fast-Food-Kiosk mitten im Dining Court, der Fresshalle im Untergeschoss zwischen den Zugängen zu den sechsundzwanzig tiefer liegenden unter den insgesamt siebenundsechzig Gleisen von Grand Central. Peake kommt seit zwanzig Jahren jeden Morgen mit dem Zug am Grand Central an, und seit der Renovierung ist er, wenn er in Manhattan ist, fast nur noch im Bahnhof oder in seinem Büro um die Ecke, an der Park Avenue. »Ich kaufe hier ein, ich gehe hier essen, ich nehme einen Drink, ich lese meine Zeitung – das ist einfach wunderbar«, sagt er, während er durch seine Halbbrille in der Sportseite der *Daily News* nachliest, warum die New York Knicks schon wieder verloren haben.

Es ist Spätnachmittag geworden, draußen dämmert ein New Yorker Wintertag der frühen Dunkelheit entgegen. Der Bahnhof zeigt sich wieder mehr von seiner praktischen Seite, der Pendlerverkehr fängt an, stadtauswärts zu strömen. Krawatten werden auf dem Weg über die wuselige 42nd Street zum Haupteingang aus Krägen gezogen, der New Yorker Feierabend hat begonnen. Vor den vielen Eingängen rund um den zwischen die umliegenden Wolkenkratzer gequetschten Prunkbau kämpfen Zeitungsverkäufer mit der verbilligten Morgenausgabe und Heilsarmisten mit Sammelbüchsen um die Groschen in den Hosentaschen der Hastenden.

An der Bar des Edelrestaurants Cipriani's auf dem Ostbalkon über der Haupthalle wird es langsam voll. Ein schneller Martini, ein schnelles Bier, während man auf den Zug wartet – einen besseren Fleck gibt es in Manhattan für die Happy Hour kaum. Von hier oben hat man einen Logenblick über die Haupthalle, die unter den riesigen Kronleuchtern in den Galerien rund um den Saal wirkt wie der Innenhof eines Barockschlosses. Ein Innenhof, durch den eine Million Schuhe wie in einem perfekt choreografierten Tanz den Ausgängen und Durchgängen entgegenschweben. Ein Mann schaut nach seinem ersten Drink auf seinem Blackberry nach dem Fahrplan und fragt dann seine Begleiterin im Chanel-Kostüm, ob sie den nächsten Zug nehmen oder lieber noch ein bisschen verweilen sollen. Die Dame bestellt wortlos noch einen Drink.

Die Schlacht um Brooklyn

New Yorks coolster Stadtteil war lange eine Alternative zu Manhattan. Jetzt will er dem großen Bruder Konkurrenz machen

Pastor Daniel Meeter spuckt Feuer an diesem Dienstagabend, sein Kopf schaut hochrot aus seinem weißen Hemd und er stampft mit seinen schwarzen Halbschuhen immer wieder auf den Kirchenboden, während er redet. Der Vorsteher der Old Reformed Church in Brooklyn, einem hübschen alten Steinbau an einer idyllischen Allee der Park-Slope-Gegend, darf sich eigentlich nicht in die Politik einmischen, sonst gefährdet er die Gemeinnützigkeit seiner Gemeinde, doch das ist ihm heute egal. Er ist zornig und das will er die Versammlung auch wissen lassen, die sich hier eingefunden hat, um über die Zukunft des Stadtteils zu debattieren.

»Sie haben uns ein Raumschiff mitten auf die Atlantic Avenue gepflanzt«, wettert der Pfarrer, »einen Fremdkörper, eine unbeschreibliche Hässlichkeit.« Die Knöchel seiner Faust, mit der er auf ein imaginiertes Pult trommelt, sind dabei weiß und seine Stimme überschlägt sich. »Dieses Ding saugt die Energie aus unserer Gemeinde, es bedroht unsere soziale, wirtschaftliche und, ja, auch unsere spirituelle Gesundheit.«

Die Rede ist vom Barclays Center, das am letzten Septemberwochenende 2012 mit einem Jay-Z-Konzert eröffnet hat, einem Basketballstadion an der

Kreuzung Flatbush und Atlantic Avenue, der Schnittstelle von gleich vier Brooklyner Wohnbezirken. Sie alle – Park Slope, Carroll Gardens, Fort Greene und Brooklyn Heights – sind typisch Brooklyn, jener Stadtteil, der immer schon stolz darauf war, anders zu sein als Manhattan, menschlicher, leiser, weniger hektisch. Alte Bäume säumen ruhige, idyllische Wohnstraßen mit dreistöckigen historischen Ein- bis Zweifamilienhäusern, genau die Art von Biotop, das seit nunmehr zwanzig Jahren junge Familien, Kreative und Künstler in Horden von Manhattan über den East River zieht.

Die Arena ist hingegen ein überdimensionaler Klotz, der tatsächlich so wirkt, als wäre er vom Himmel gefallen. Wenn man in Park Slope an der Fifth Avenue entlang auf die Flatbush Avenue zuläuft, verdunkelt die absichtlich rostig belassene Stahlfassade des postpostmodernen Bauwerks bald den gesamten Horizont. Man könnte meinen, eine Mauer trenne Park Slope vom gegenüberliegenden Stadtteil Fort Greene. Das gewellte Gebilde wirkt wie eine bombastische Version der Berliner »Schwangeren Auster«, die man mitten auf den Prenzlauer Berg gesetzt hat.

Doch die Anwohner, die sich in Pastor Meeters Kirche versammelt haben, stört nicht nur die Ästhetik des Gebäudes, jene brutale Rücksichtslosigkeit gegenüber den Dimensionen und dem Charakter der umliegenden Nachbarschaften. Sie stört vor allem, wie das Projekt geplant und durchgeboxt wurde. »Es war genau das Gegenteil von der Art und Weise, wie Viertel und Gemeinden entwickelt werden sollen«, sagt die Staatssenatorin Velmonette Montgomery, eine energische schwarze Frau, die in Park Slope aufgewachsen ist, der Kirchenversammlung. »Die Leute aus dem Viertel und ihre gewählten Vertreter wurden komplett umgangen, die Bauherren haben niemandem Rechenschaft ablegen müssen. Schlimmer noch, wenn das Beispiel Schule macht, dann kann in New York jeder, der genug Geld hat, ganze Viertel räumen lassen und bauen, was er will.«

Die Geschichte des Barclays Center beginnt um die Jahrtausendwende, zu einem Zeitpunkt, an dem der Exodus der Jungen, Coolen und Kreativen aus ihren angestammten Revieren im immer teurer werdenden *downtown* Manhattan in Richtung Brooklyn in vollem Gang war. Die Hipster, Skateboarder und Garagenrocker von der Lower East Side hatten längst das alte polnische Arbeiterviertel Williamsburg kolonialisiert. Die leer stehenden Lager- und Fertigungshallen waren in Musikclubs und Loftwohnungen umgewandelt worden und entlang der Bedford Avenue wimmelte es nur so vor Cafés mit nackten Backsteinwänden, Plattengeschäften und modrigen Szenekneipen.

Die etwas erwachsenere Szene, die Schriftsteller, Journalisten, Designer und Fotografen spülten derweil von Brooklyn Heights aus immer tiefer in das Viertel hinein und renovierten die prächtigen *brownstones* von Carroll Gardens und Cobble Hill. In Park Slope zogen die jungen Familien ein, die ihre Kinder nicht in einer Manhattaner Schuhschachtel großziehen wollten. Sogar in den traditionellen Schwarzenvierteln Fort Greene und Bedford-Stuyvesant, die Spike Lee durch seine Filme cool gemacht hatte, begannen die ersten Straßencafés und Ethnorestaurants zu eröffnen. Spike Lee selbst war bereits in die Gegenrichtung geflohen und hatte sich in Manhattan angesiedelt, weil er als Kult-Brooklyner hier nicht mehr unbehelligt die Straße überqueren konnte. Lifestylemagazine im ganzen Land begannen über Brooklyn zu berichten, *GQ* nannte den Stadtteil den »coolsten Ort des Planeten«.

Das alles entging natürlich nicht den Immobilienmogulen und Spekulanten. Brooklyn wurde auf einmal eine Aktie mit Zukunft und die Cleversten wollten von Anfang an dabei sein. So erinnerte sich plötzlich der Investor Bruce Ratner, ein blasser, teigiger Mann aus Ohio, der niemals ohne Manuskript mit Reportern spricht, daran, dass ihm vor Jahren im Herzen von Brooklyn ein Angebot gemacht worden war.

Damals war das Areal eine wertlose Brache gewesen, die keiner wollte, eine einen Kilometer lange Trasse von Abstellgleisen parallel zur Atlantic Avenue, an deren Rand halb leer stehende Industriebauten und ein paar vereinzelte Wohnhäuser standen. Mitte der neunziger Jahre wusste Ratner damit nichts anzufangen, doch jetzt, da Brooklyn im Kommen war, hatte er plötzlich eine Vision. Hier, über den Atlantic Railyards, sollte vom Reißbrett das neue Zentrum von Brooklyn entstehen, ein Megakomplex mit sechzehn Wohn- und Einkaufstürmen und einer supermodernen Sport- und Veranstaltungsarena. »Brooklyn«, sagte Ratner damals, »wird ein Epizentrum dieses Landes werden und dieser Ort wird in dessen Mitte stehen.«

Nach Ratners Plan sollte Brooklyn in die gleiche Liga aufsteigen wie der große Bruder Manhattan, mit dem Brooklyn schon vor hundertvierzehn Jahren nur widerwillig in den großen Schmelztiegel New York geschmissen wurde. Das Brooklyn von Ratner und dem Stadtteilpräsidenten Marty Markowitz, den er rasch in der Tasche hatte, sollte »Weltklasse« werden, wie sie beide immer wieder sagten. Was sie damit meinten, war freilich die gleiche Hochglanzweltklasse, die Manhattan seit den achtziger Jahren zum Luxusprodukt gemacht und die Kreativen in die Flucht nach Brooklyn getrieben hatte.

Wenn Dan Goldstein an Ratner und an jene Anfangszeit der Atlantic Yards zurückdenkt, dann versteinert sich sein Gesichtsausdruck, so, als sähe er ein Gespenst. Goldstein ist der Prototyp der neuen Brooklyner Bevölkerung, er ist Grafikdesigner, Mitte dreißig, mit zauseligem Haar, Nickelbrille und einem D'Artagnan-Bärtchen. Auch Goldstein hatte zu jener Zeit die Atlantic Yards entdeckt, aber er hatte dafür eine ganz andere Vision als Ratner.

Goldstein liebte den rauen industriellen Charme der Ecke, er liebte den Mix an alteingesessenen Arbeiterfamilien, jungen Kreativen wie er selbst, Autowerkstätten und urigen Kneipen, die sich rund um die Stellgleise gehalten hatten. Deshalb kaufte er sich für wenig Geld ein Loft an genau der Stelle, an der zur gleichen Zeit Bruce Ratner seine Basketballarena plante. »Ich wollte dort leben, ich wollte dort meine Kinder großziehen«, sagt er der Versammlung der Old Reformed Church, für die er zu einer Art Märtyrer geworden ist.

Viele der Leute in der Kirche an diesem Abend gehören der Vereinigung »Develop Don't Destroy Brooklyn« an, die Goldstein gründete, als er von Ratners Plänen erfuhr. Das Ziel war, den grandiosen Projekten des Moguls einen Plan entgegenzusetzen, der mit den Anwohnern arbeitet, anstatt sie zu verdrängen, der aus dem Gebiet einen kleinteiligen gemischten Wohn- und Geschäftsbezirk macht, der die umliegenden Viertel zusammenwachsen lässt, anstatt sie voneinander abzutrennen. Doch im Rückblick war der Widerstand, der zu einer sechs Jahre langen Schlacht um das Herz von Brooklyn führte, hoffnungslos naiv. Goldstein und seine Genossen mussten schmerzhaft erfahren, was in New York passiert, wenn man sich der Macht des Geldes widersetzt.

Ratner ließ seine politischen Verbindungen vom Bürgermeister bis zum Gouverneur spielen und das Gelände offiziell für verelendet erklären. Das erlaubte ihm, sowohl Hunderte von Millionen Dollar an Bausubventionen einzustreichen als auch die Anwohner zur Räumung zu zwingen. Mehr als achthundert Menschen bekamen bis zum Sommer 2010 den Bescheid, dass sie ausziehen müssen.

Goldstein war der Allerletzte, der ging, und das auch erst, nachdem er alle Rechtsmittel ausgeschöpft hatte. Er klagte bis zum Bundesgericht gegen die Verelendungsbestimmung. Er zweifelte die Gemeinnützigkeit von Ratners Plänen an. Er organisierte Demonstrationen und mobilisierte die Medien. Am Ende lebte er alleine mit seiner Frau in einem ansonsten verlassenen sechzehngeschossigen Gebäude – ein Michael Kohlhaas der Gentrifizierung.

Heute, im Herbst 2012, lebt Goldstein drei Häuserblocks entfernt in Park Slope in einem Haus, das er von der Abfindung gekauft hat, die er Ratner abgetrotzt hat. Doch er ist noch lange nicht fertig mit Ratner. Vor der Eröffnung der Arena verging kein Tag, an dem er nicht im Fernsehen Ratner anprangerte. Immer wieder wies er auf Ratners Versprechen hin, im Gegenzug für die Subventionierung Tausende von Einheiten bezahlbaren Wohnraums auf dem Areal zu schaffen sowie Zehntausende von

Arbeitsplätzen. Bislang gibt es jedoch ausschließlich die Arena, das Schicksal der geplanten Wohntürme ist angesichts der Baisse auf dem Immobilienmarkt ungewiss. Die Anzahl der im Viertel geschaffenen Arbeitsplätze ist exakt vierzehn.

Auf einer Bank vor dem U-Bahn-Terminal Atlantic Avenue, direkt gegenüber dem Barclays Center, sitzt BC Hall, ein siebenundsechzig Jahre alter schwarzer Pensionär. BC ist vor fünfunddreißig Jahren nach Brooklyn gezogen, nach Bedford-Stuyvesant, damals eine Gegend, aus der man wegzog, sobald man es sich leisten konnte, und nicht ein Spielplatz für die Boheme.

BC gefällt die Arena, er findet den Bau mit seiner rauen Haut so ehrlich und hart wie Brooklyn selbst. Er kann es kaum erwarten, bis es hier losgeht. Die Verklärung von Brooklyn als dem Nicht-Manhattan, als dem besseren New York kann er nicht so recht verstehen. Die Garagenrock-Clubs und Techno-Partys, die Bio-Supermärkte und Kunst-Happenings sagen ihm wenig. Aber Profi-Basketball und Hip-Hop? Da greift er gerne schon mal etwas tiefer in seine Rentier-Kasse.

Uptown Blues

Jeden Sonntag wird in Marjorie Elliots Wohnzimmer in Harlem Jazz gemacht. Ohne Musik könnte Elliot nicht überleben

Es ist Punkt sechzehn Uhr an einem trüben Dezembersonntag und das wenige Licht, das vom Tag noch übrig ist, fällt fahl durch Marjorie Elliots Wohnzimmerfenster. Marjorie, eine schmale schwarze Frau unbestimmbaren Alters mit drahtigen schwarzgrau-rötlichen Haaren setzt sich, wie jeden Sonntag um diese Zeit, an ihr etwas abgewetztes und leicht verstimmtes Klavier. Dann schlägt sie eine Taste an und erweckt ihre Wohnung, deren einstige Eleganz sich unter dem bröckelnden Putz und dem stumpfen Parkett nur noch vage erahnen lässt, zum Leben.

Das Saxofon des jungen Mannes im dunklen Anzug neben ihr fängt herzzerreißend an zu heulen, vom Flur her brummt der Kontrabass beruhigend um die Ecke, und die dreißig Leute auf ihren bis in die Küche gedrängten Klappstühlen sind innerhalb von Sekunden so von Marjories Blues hinweggespült, dass die große, unbarmherzige Stadt da draußen und das harte Leben in ihr aus den Gedanken verschwindet.

Früher, als Marjorie noch jung war, muss es wohl hier im ganzen Haus so zugegangen sein, wie jetzt nur noch sonntags in Marjories Appartment im dritten Stock. Früher tönte immer Jazz durch die Gänge von 555 Edgecombe Avenue in Harlems Sugar-Hill-

Gegend, so genannt, weil das Leben hier in den dreißiger, vierziger und bis in die fünfziger Jahre, der goldenen Ära Harlems, so süß war. Damals, als die Namen an den Briefkästen sich lasen wie ein Who's who des Jazz: Duke Ellington wohnte hier, Count Basie, Paul Robeson, der Betreiber des legendären Savoy Ballroom, Charles Buchanan, sowie unzählige weniger berühmte Jazzer.

Man kann den alten Glanz des Three Nickel, wie das stolze sechzehngeschossige Haus auf dem Hügel über dem Harlem River im Stadtteil heißt, noch in der Eingangshalle spüren. Sie ist mit weißem Marmor ausgeschlagen und an den Wänden hängen vergoldete griechisch inspirierte Friese. Marjories geräumige und helle Wohnung im dritten Stock hingegen ist so wie die ganze Nachbarschaft – einst zauberhaft gewesen, aber dringend renovierungsbedürftig. Draußen, auf der Edgecombe Avenue, türmen sich Müllberge, schwarze Jugendliche in Kapuzenpullis lungern rund um offene Autos herum, aus denen Rap dröhnt, und unter Baugerüsten an verfallenen Fassaden stinkt es nach Urin.

Aber Marjorie lässt sich nicht beirren. Ausnahmslos jeden Sonntagnachmittag veranstaltet die Bühnenschriftstellerin, Schauspielerin, Musikerin, Lehrerin und freiwillige Sozialhelferin ihre kostenlosen Hauskonzerte und hält damit die große Tradition des Harlemer Jazz am Leben. Zusammen mit dem Bassisten Bob Cunningham, der schon mit Dizzy Gillespie, Pharao Saunders und Art Blakey gespielt hat und der im Gegensatz zu Marjorie aus seinem Alter von dreiundsiebzig Jahren kein Geheimnis macht; zusammen mit dem jungen Franzosen Sedric, der, wie er sagt, nur wegen Marjories Salon nach New York gezogen ist und den Marjorie als »Teil der Familie« bezeichnet; zusammen mit Marjories Sohn, dem Pianisten Rudel, sowie mit einer jungen, ebenso bezaubernden wie nervösen Blues-Sängerin.

Dabei geht es Marjorie nicht um Nostalgie. Es geht ihr um die bedrohte Seele des Jazz. »Früher gab es hier in Harlem an jeder Ecke einen Club, wo gespielt wurde, und überall haben Musiker geübt. Die Musik war lebendig und es ging noch nicht nur darum, möglichst viel Geld zu verdienen. Heute kosten die Jazzclubs fünfzig Dollar Eintritt, und Musiker wie mein Sohn müssen betteln, fünfundvierzig Minuten spielen zu dürfen.«

So kann Jazz nicht leben und nicht atmen und deshalb verlangt Marjorie auch keinen Cent Eintritt. Auch nicht, wenn es ihr manchmal schwerfällt, ihre Miete zusammenzubekommen. Gerade deshalb erlebt der Besucher, den Marjorie an ihrer Türschwelle überschwänglich herzlich in ihr Heim bittet, den Jazz, wie er ihn an einem gedeckten Tisch in einem der kommerziellen Clubs *downtown* niemals erleben könnte. Man hört das Klappen der Saxofonventile, wenn Sedric nur Zentimeter vor einem die Tonlage wechselt, man sieht das leichte Zittern der jungen Sängerin unter ihrem schwarzen Kleid, während sie mit überzeugender Verzweiflung in b-Moll Cole Porters Frage in den Raum stellt: »What Is This Thing Called Love?« Nichts steht hier zwischen den Musikern und dem Publikum, es gibt keinen Schutz davor, gemeinsam mit der Musik zu verschmelzen.

»Man hat keine andere Wahl hier, als ehrlich zu spielen«, sagt Sedric, während er in der Pause am Klavier steht und einen Apfelcider trinkt, den Marjorie den Gästen in kleinen Plastikbechern serviert. »Man kann hier nicht angeben. Es ist absolut rein, und man wird daran erinnert, warum man überhaupt Musiker geworden ist.«

Wahrhaftig sind die Sessions jedoch vor allem wegen Marjorie. Als sie 1994 mit den Salons anfing, war ihr Sohn Philip gerade im Alter von zweiunddreißig Jahren an einem Sonntag gestorben. Sein Foto hängt heute in einem Goldrahmen als einzige Dekoration auf dem vergilbten Putz über dem Klavier. An Werktagen konnte Marjorie mit dem Schmerz leben, doch am Sonntag überwältigte er sie. Deshalb beschloss sie, dass sie sonntags Musik und Menschen in ihrer Wohnung brauchte – sie lud sich das Leben zu Gast.

»Ich danke euch allen«, wendet sie sich jeden Sonntag am Ende des Konzerts gerührt an ihr Publikum. »Ich brauche euch zum Überleben.« Jeder, der über ihre Schwelle tritt, wird deshalb, wie Marjorie versichert, automatisch Teil der Familie.

Marjorie Elliot ist so etwas wie die verkörperte Seele des Jazz. Wie bei den legendären Jazz-Begräbnissen in New Orleans treffen in Marjories Wohnzimmer das Leben und der Tod friedlich zusammen, setzen sich nebeneinander auf einen blechernen Klappstuhl und lauschen einträchtig dem Blues. Der New Yorker in New Orleans lebende Autor Tom Piazza hat es einmal als Essenz des Jazz beschrieben, dass in ihm Trauer zum Teil des Lebens wird, in einer Art, die den Tod nicht negiert oder ausblendet, sondern vielmehr als Verpflichtung zum Weiterleben umdeutet. »Es ist eine Art«, so Piazza, »dem Einzelnen und der Gemeinschaft zu ermöglichen, mit Würde und Stil auch unter den schlimmsten Umständen weiterzumachen.«

Genau das ist der Geist der Sessions bei Marjorie, ein Geist, der bei einem Fünfzig-Dollar-Gedeck in den vermeintlichen Traditionsclubs von Manhattan wie dem Village Vanguard oder dem Blue Note schon lange verloren gegangen ist. Und noch etwas ist dort verloren gegangen, was bei Marjorie in Harlem noch lebt: Die Schwärze des Jazz. »Wir feiern hier zusammen eine Musik, die aus der Agonie der Sklaverei geboren wurde«, sagt Marjorie in einer kurzen Rede, bevor sie sich an der Wohnungstür bei jedem einzelnen Gast, schwarz oder weiß, innig verabschiedet und bedankt. »Wir feiern die afrikanische Klassik, die so stark war, dass sie jede Unterdrückung überdauerte.«

Im Jazz findet das schwarze Amerika seit Jahrhunderten die spirituelle Kraft, alle Demütigungen und Grausamkeiten des Lebens in Gefangenschaft und Unterdrückung zu überstehen. Und wie ihre Vorfahren sucht und findet auch Marjorie im Jazz Kraft und Sinn. »Das hier ist mein Lebensinhalt«, sagt die zierliche kleine Frau, nachdem die Gäste alle weg sind und sie im Halbdunkel ihrer blaugrünen Zimmerbeleuchtung zwischen den Klappstühlen in der Ecke sitzt und noch einen Cider trinkt. »Ich bin auch nicht traurig«, fügt sie an. Und das, obwohl sie vor drei Jahren noch einen zweiten ihrer fünf Söhne verloren hat. Wie um ihr zu widersprechen kullern trotzdem Tränen die Backe hinunter, als wir uns verabschieden. »Das ist Glück und die Dankbarkeit für eure Zuwendung«, entschuldigt sie sich. Dann schließt sie die Tür von 3F und ist wieder allein, mit sich, mit ihrer Familie, ihrem echten und adoptierten Sohn, mit Bob und den anderen Musikern und vor allem mit ihren Dauergästen, der Freude und dem Schmerz.

Der Himmel der einfachen Leute

Coney Island ist die letzte Bastion der Proll-Kultur in New York

Unter dem *boardwalk* türmt sich der Sand, gespickt mit Papptellern, Bierbüchsen und vereinzelten Flecken von Dünengras. Ein Zaun sorgt seit einiger Zeit dafür, dass der legendäre New Yorker Strand von Coney Island hier Halt macht und nicht mehr in die Straßen des äußersten New Yorker Stadtbezirks hinausweht.

Aber der Zaun sorgt auch dafür, dass es unter dem *boardwalk* heute nicht mehr so zugeht wie vor vierzig Jahren, als die Rockabilly-Truppe The Drifters ihren berühmten Sommerhit über den *boardwalk* schrieb. Zu Tausenden suchten damals junge Pärchen auf den zwei Meilen zwischen Coney Island und Manhattan Beach unter den Brettern Schutz vor der Sonne sowie ein klein wenig Privatsphäre, krochen unter ein Handtuch und ließen zum Geruch von Hotdogs und zum Klackern der Fußabsätze über ihnen ihrer jugendlichen Lust freien Lauf. »Under the boardwalk – out of the sun/ Under the boardwalk – we'll be having some fun/ Under the boardwalk – people walking above/ Under the boardwalk – we'll be falling in love …«

Unter dem *boardwalk* fand damals das frivole Treiben von Coney Island seinen sommerlichen Höhepunkt und mancher New Yorker Teenager die Liebe fürs Leben. Heute verirren sich hingegen höchstens noch streunende Hunde und Obdachlose unter die Bretter.

Bill Pinkney starb als letztes Mitglied der »Original Drifters« am 4. Juli 2007, einundachtzigjährig, in einem Hotelzimmer in Daytona Beach in Florida, weit weg von New York. Das Coney Island der fünfziger Jahre, das er 1964 besang, war da schon lange tot. 1966 brannte der letzte der ursprünglich drei großen Vergnügungsparks von Coney Island, der Steeplechase, nieder. Es war der letzte Meilenstein des Abstiegs Coney Islands zu jenem armseligen Überrest seiner glamourösen Vergangenheit, der es heute ist.

Der einst weltberühmte, meilenlange Amüsierstreifen entlang des *boardwalk* ist auf gerade einmal vierhundert Meter zusammengeschrumpft. Da ist im Westen an der 17th Street die vernagelte Ruine des ehemals vornehmen Child's Restaurant, an deren löchriger Fassade früher prachtvolle bunte Terrakotta-Ornamente vergessen vor sich hinbröseln; dann kommt die Reihe von einem halben Dutzend baufälliger Backsteinbuden, deren rührend dilettantische, von Hand gemalte Schilder Bier, Eis, Fritten und frische Muscheln anpreisen.

Dahinter steht das alte Riesenrad und die beängstigend knarzende, achtzig Jahre alte Cyclone-Achterbahn; dazwischen liegt viel Brachland mit efeu- und graffitiübersäten Mauerresten. Auf einem der leeren Grundstücke hat die Stadt ihre reparaturbedürftigen Schulbusse geparkt.

Immerhin gibt es seit 2010 auch wieder Rummelbetrieb hinter dem Strand. Der alte Luna Park hat mit nostalgischen Attraktionen wie Karussells, Hau den Lukas und Büchsenwerfen wieder eröffnet. Daneben stehen im Screamland zwei nagelneue, hochmoderne

Hochgeschwindigkeitsachterbahnen, in denen man sich bis zur Übelkeitsgrenze drehen und rütteln lassen kann. Weiter in Richtung Westen an der Surf Avenue entlang ist das Gerüst des alten Parachute Jump restauriert worden, von dem man sich einst mit Fallschirmen an einer Leine aus dreißig Metern Höhe in den Sand stürzen konnte. Und daneben hat die Baseballmannschaft Brooklyn Cyclones 2002 ein brandneues Stadion am Strand bekommen.

Es ist der zarte Beginn einer Coney-Island-Renaissance. Im Vergleich zum ersten Drittel des 20. Jahrhunderts, als die legendären Amüsierparks Astroland, Luna Park, Dreamland und Steeplechase Coney Island zur Weltsensation gemacht hatten, wirkt es jedoch noch immer wie ein trauriger Abklatsch. Coney Island war das Las Vegas und das Disney World jener Zeit in einem. Hier gab es Attraktionen, die die Menschheit noch nicht gesehen hatte, und das alles nur eine Fünf-Cent-Bahnfahrt vom Times Square entfernt.

Da war die Loop-the-Loop, die erste Achterbahn der Welt; der Steeplechase – ein gigantischer Rennparcours für mechanische Pferde; da waren die beliebten *freak shows* mit bärtigen Frauen, schrumpfköpfigen »Negern« und doppelköpfigen Schafen; da gab es den Love Barrel – wo Männer und Frauen so hin- und hergerollt wurden, dass sie aufeinander fallen mussten; es gab Schwimmbäder, ein künstliches Venedig; und es gab im Dreamland die erste *skyline* der Welt mit einem Wald von exotischen, elektrisch erleuchteten Mini-Minaretten, Zinnen und Türmen. Rem Koolhaas nannte in »Delirious New York« das Coney Island von damals eine Art »Prototyp« von Manhattan, wo im Kleinformat die Technologien,

Themen und Mythen ausprobiert wurden, die später das New York des 20. Jahrhunderts prägen sollten.

Zu Beginn war dieses Wunderland ein Faszinosum für die feine Gesellschaft von Manhattan. Doch schon in den dreißiger und vierziger Jahren, als das moderne Manhattan erwachsen wurde und es in der Stadt selbst genügend Stimulation für die Betuchten gab, wandelte es sich zu dem, was es seither ist – zum Paradies der einfachen Leute. Damals waren es vor allem die irischen, deutschen und osteuropäischen Einwanderer aus den Elendsquartieren auf der Lower East Side, die es hier heraus zog.

Heute sind es Latinos, Asiaten, Schwarze und Araber aus Brooklyn, die am Wochenende auf Coney Island in der Sonne liegen, den *boardwalk* rauf- und runterflanieren, Hotdogs essen und Bier trinken. Doch im Prinzip hat sich nichts geändert – wie damals verstopfen die unteren Zehntausend am Samstagmittag die U-Bahn-Linien F und Q an die Stillwell Avenue, wo die Gleise nur hundert Meter vom Strand entfernt abrupt enden.

Den Stadtplanern war dieser Pfuhl der vulgären Massenunterhaltung schon in den vierziger Jahren ein Dorn im Auge. Der legendäre Meisterbauherr Robert Moses, der jahrzehntelang aus dem chaotischen, wuseligen New York eine sauber geordnete, hochmoderne Stadt machen wollte, plante deshalb in Coney Island eine gigantische Sozialbausiedlung, in der die arme Bevölkerung von der Lower East Side in bezahlbaren Sozialbautürmen am Meer leben konnte. »Ghetto-Bereinigung« nannte er das Vorgehen, das nicht zuletzt den wertvollen Manhattaner Baugrund für lukrativere Investitionen frei machen sollte. Dazu wurde einer der Vergnügungsparks nach dem anderen auf Coney Island geschlossen. Oder sie fielen, wie der Steeplechase, mysteriösen Brandstiftungen zum Opfer. Die alte Ansammlung an Einfamilienhäusern und kleinen Geschäften nördlich des Strandes entlang der Mermaid Avenue wurde einfach niedergewalzt und durch Plattenbauten ersetzt.

Natürlich passierte dort die vorhersehbare Katastrophe. Die Plattenbauten wurden keine humane Behausung für die unteren Einkommensschichten sondern ein Nest für Drogenhandel, Kriminalität und Bandenkriege. Und das alte, vulgäre Strandleben, das Moses hatte loswerden wollen, blieb auch. Die Menschen fuhren weiterhin zu Zehntausenden am Wochenende hier heraus, die Amüsierbetriebe und Bierbuden hielten sich bis heute in ihrer verkrüppelten, heruntergekommenen Form.

Trotzdem ist man sich darüber einig, dass etwas passieren muss mit Coney Island. Doch die Frage, die hier nun schon seit Jahrzehnten den Fortschritt lähmt, ist, was es denn ist, das aus Coney Island werden soll. Da gibt es diejenigen wie Charles Denson, der sein ganzes Leben hier zugebracht hat und der das Coney Island History Project leitet. »Coney Island ist die letzte Zuflucht der einfachen Leute«, sagt er, während er vor seiner kleinen Informationsbude direkt unterhalb des Cyclone steht. »Es ist der letzte Ort, wo Familien mit kleinen Einkommen ein Sommerwochenende verbringen können, ohne wie in Disney World ein Vermögen ausgeben zu müssen. Und so soll es auch bleiben.« Modernere, hübschere und vor allem mehr Rummelattraktionen wünscht er sich zwar auch. Doch der Charakter und das Publikum, das so viele Jahrzehnte lang Coney Island treu geblieben ist, soll bleiben.

Und dann gibt es diejenigen, die ehrgeizigere Pläne für Coney Island haben. Der Unternehmer Joe Sitt etwa, der ein Vermögen mit Unterwäsche für übergewichtige Damen gemacht hat, wollte hier ein Super-Hotel-Casino im Las-Vegas-Stil errichten, ein Bellagio der Ostküste, nebst Luxuswohnungen mit Meerblick. Kurz, einen weiteren Tummelplatz für die Superreichen.

Um dieses Projekt zu verwirklichen, hatte Sitt bereits ein Grundstück nach dem anderen entlang des *boardwalk* aufgekauft. Doch dann kam die Wirtschaftskrise von 2008, die Finanzierung für das Vorhaben fiel durch und Sitt musste die Grundstücke an die Stadt verkaufen. Fünfundneunzig Millionen blätterte der Steuerzahler hin, um den Großbaumeister von seinem toten Kapital zu befreien.

Für diese Summe versprach Bürgermeister Bloomberg den Menschen von Coney Island, so wie Denson sich das wünscht, den alten Charakter der Halbinsel zu erhalten. Die billigen Achterbahnen sollten bleiben, ebenso wie die schäbigen Buden am Strand. Sogar Ruby's, die alte Spelunke von Ruby Jones, der als Kind in den zwanziger Jahren am Strand Eis verkaufte, sollte seinen Pachtvertrag behalten. Doch 2011 fand ein Reporter heraus, dass die Stadt insgeheim den Bau von viertausendfünfhundert Luxuswohnungen genehmigt hatte.

Jetzt geht die Angst um in Coney Island, dass die Proll-Kultur, die den Strand seit Jahrzehnten bestimmt, doch noch verdrängt wird – zugunsten derselben keuschen, keimfreien und faden Konsumkultur, die sich überall in New York breitgemacht hat: Markenboutiquen, Starbucks und Fast-Food-Ketten statt fliegender Hotdog-Händler, illegaler Bratfischverkäufer und Ruby's. Coney Island, so die Befürchtung, könnte zu einem zweiten Times Square werden – einem glitzernden, blinkenden, überteuerten Nichts.

Manch einer hier nimmt das Schicksal der Insel mit philosophischer Gelassenheit. Frank Gluska, seit sechsundzwanzig Jahren Barkeeper im Ruby's, sagt etwa: »Weißt du, es ist mit Coney Island wie mit deiner Großmutter.« Dabei zapft er ein »Ruby's Amber« im schummerigen Schankraum für einen der Stammtrinker, die von der Theke aus in das grelle Licht vom Meer hinausblinzeln. »Sie ist alt und gebrechlich, und du weißt, dass sie es nicht mehr lange macht. Es tut weh, aber man ist darauf vorbereitet.« Dann wischt der pausbackige Mann mit dem schweren Brooklyner Akzent den modrigen Tresen ab und richtet eines von Hunderten vergilbter Fotos vom alten Coney Island, die an die Wand hinter der Theke gepinnt sind. Aus der Jukebox tönt eine Schnulze von Tony Bennett.

Andere geben sich noch kämpferisch, wie etwa die dicke Terry mit dem grell rosaroten Lippenstift, die am Anfang vom *boardwalk* Muscheln und Fritten verkauft: »Ich bin nächstes Jahr immer noch hier, darauf kannst du deinen Arsch verwetten«, sagt sie. »Wir überlassen Coney Island nicht den Reichen.«

An der Surf Avenue, die parallel zum *boardwalk* hinter dem Strand verläuft, sitzt derweil Dick Zigun, den sie den inoffiziellen Bürgermeister von Coney Island nennen, auf einem Hocker vor seinem Theater. Der gelernte Regisseur betreibt hier seit dreißig Jahren eine *sideshow* – ein Kuriositätenkabinett mit Schwert- und Feuerschluckern und Kontorsionisten, wie sie in der Frühzeit von Coney Island, in den zwanziger Jahren, Mode waren. Ihm kann niemand vorwerfen, dass ihm nichts am alten Coney Island liege, aber gegenüber dem, was jetzt bevorsteht, hat der bärtige Mitfünfziger mit der Nickelbrille und den großflächig tätowierten Armen kapituliert. »Es hat keinen Sinn, gegen den Kapitalismus anzukämpfen«, sagt er. Jeder müsse jetzt sehen, wo er bleibe. Er selbst, das steht allerdings fest, bleibt hier – gerade hat er das Haus gekauft, das seine *sideshow* und sein Coney-Island-Museum und die Freak-Bar im Erdgeschoss beherbergt. Das Coney Island der Außenseiter und der Inkommensurablen wird also wenigstens hier weiterleben: als das, was es ohnehin schon lange ist, als *freak show*.

Der Traum vom großen Wurf

Die Streetball-Spieler von New York

Man sieht Lloyd Daniels an, dass er nicht mehr der Jüngste ist. Seine roten Sneakers der Kult-Marke BK kleben auf dem grün bepinselten Asphalt, die Knie und die Hüften sind von vielen hunderttausend Stauchungen auf solchen Belägen steif wie rostige Scharniere. Doch dann steht der Zweimeter-Mann mit der Nummer dreizehn auf einmal wie durch ein Wunder mit freier Schussbahn in perfektem Winkel zum Korb und hat den Ball in den tellergroßen Händen. Der Blick wandert zum Himmel und dann zieht er mit der Lässigkeit von fast vierzig Jahren Erfahrung ab. Mit einem satten Schmatzen sinkt der Ball durch das Netz.

Ein breites Grinsen legt sich auf das Gesicht des kahlköpfigen schwarzen Mannes mit dem leichten Silberblick und für einen Augenblick vergisst man, dass er vierundvierzig Jahre alt ist. Er strahlt wie ein kleiner Junge, während ein Raunen durch die Menge geht, die sich an den Maschendrahtzaun rund um das Spielfeld gehängt hat wie eine Herde von Schimpansen. »Lloooyyyyyyd Daaaaaaniels, Ladies and Gentlemen«, heizt der Platzsprecher ein, der auf einem Klappstuhl hinter dem Korb sitzt und eine Flüstertüte am Mund hat. Und für die, die nicht wissen, wer Daniels ist, fügt er an: »This man has seen it all« – dieser Mann hat alles gesehen. »This man has tasted the dream« – er hat den großen Traum kosten dürfen.

Daniels hat in der Profi-Liga NBA gespielt, neun Jahre lang, bei den San Antonio Spurs, den New Jersey Nets und den LA Lakers. Er hat das geschafft, wovon jeder hier träumt. Er war dort, wo jeder schwarze Junge in Amerika, der je einen Basketball in der Hand gehabt hat, einmal hin möchte. Doch jetzt ist er wieder dort gelandet, wo alles anfing. Auf der Straße.

Es ist Hochsommer in New York, der Asphalt glüht, die Luft ist dick wie Watte, der Geruch von faulendem Müll hängt in der Luft. Und Sommer in New York ist Basketballzeit. Auf den Hunderten von viel zu klein geratenen, zwischen die Wohnsilos gezwängten Spielplätzen, auf denen irgendwann einmal jemand einen Korb aufgestellt hat, wird den ganzen Tag gedribbelt, gepasst und geschossen. Morgens spielen die *kids*, die jetzt Ferien haben, nachmittags die *girls* und jetzt am Abend tragen die Männer und die Beinahe-Männer ihre Turniere aus, die am Memorial-Day-Wochenende Ende Mai anfangen und am Labor Day Anfang September zu Ende gehen.

Das hier ist aber nicht irgendein beliebiger New Yorker Court. Das hier ist der berühmte Cage an der West 4th Street, mitten im Greenwich Village, der seit Jahrzehnten mit Rucker Park in Harlem eine Rivalität um den wichtigsten und besten *Streetball*-Platz der Stadt und somit der ganzen USA pflegt. NBA-Stars wie Dr. J., Walter Berry und Jayson Williams haben hier angefangen und auch Lloyd Daniels, der Mitte der achtziger Jahre auf dem viel zu kleinen Feld lernte, sich unter dem Korb durchzusetzen. Und so hofft jeder Junge, der das Glück hat, einen der begehrten *spots* in einem Team im Cage zu ergattern, dass auch er einmal wie Daniels und die anderen den Traum kosten wird. »Der Cage ist ein Wunderland der unbegrenzten Möglichkeiten«, glaubt etwa ein durchtrainierter Neunzehnjähriger mit einem riesigen Brillantohrring, den sie hier Junebug nennen – Junikäfer.

Wie eine Startbahn in eine schillernde Sportler-Karriere sieht der Cage allerdings nicht gerade aus. Eher so, wie er heißt – wie ein Raubtierkäfig. Das Feld ist gerade einmal halb so groß wie ein reguläres Turnierfeld, der drei Meter hohe Maschendrahtzaun, der ihn umgibt, fängt keinen halben Meter von der Seitenauslinie entfernt an. Die Streben, die den Korb halten, sind dick mit Klebeband umwickelt, damit sich im Gedränge auf dem Platz daran niemand die Rippen bricht. Hinter dem Cage kommt ein weiterer umzäunter Spielplatz, auf dem Handball gespielt wird, das klassische New-York-Ghetto-Spiel, bei dem ein Gummiball mit der bloßen Hand gegen eine Hauswand gedroschen wir. Badminton für Arme.

Gegenüber, auf der anderen Seite der Sixth Avenue, reihen sich Pornoshops und Tattoostudios aneinander. Es ist, als hätte die sich überall im Village ausbreitende Gentrifizierung aus unerfindlichen Gründen genau diesen Block vergessen. Wie der Cage haben die Schmuddelläden sich hier trotz Luxussanierung und Yuppie-Invasion über die Jahrzehnte gehalten, während rundherum die Edelboutiquen und Cappuccino-Bars einzogen. Unmittelbar neben dem Cage führt ein Treppenabgang in die U-Bahn. Kreischende Waggons aus dem Untergrund übertönen in Minutenabständen die Stimmen auf dem Platz. Das pendelnde Bürovolk hastet jetzt, während der abendlichen Rushhour, in Horden am Cage vorbei. Nur die wenigsten nehmen die Krawatte ab und bleiben ein paar Minuten stehen, um zuzuschauen.

Dabei gäbe es einiges zu sehen. Jetzt hat Daniels

sich etwa wieder irgendwie in die Hälfte der gegnerischen Mannschaft, der »524« aus der Bronx, geschleppt. Mit einer Hand nimmt er einen Pass über das gesamte Feld an und schickt das noppige Rund, ohne zu schauen, hinter dem Rücken zu dem *point guard* seiner Mannschaft »TNP« – was *Take No Prisoners*, also »Nehmt keine Gefangenen«, heißen soll. Der Empfänger, den sie S-Class nennen, dribbelt den Ball zwischen seinen Beinen durch an zwei Verteidigern vorbei, lässt einen dritten mit einem angetäuschten Wurf in die Luft steigen, zieht mit einer schnellen Körperdrehung an ihm vorbei und stopft den Ball dann donnernd ins Netz.

Das Spielniveau auf der Straße in New York und speziell hier, im Cage, ist legendär. Die Mannschaften sind eine Mischung aus Ehemaligen wie Daniels und S-Class, der in Italien als Profi gespielt hat, aufstrebenden Highschool- und College-Spielern, die sich im Sommer mit *streetball* fit halten, und Spielern, die nie etwas anderes gemacht haben als das hier, die in dem schnellen harten Spiel der Straße aber besser sind als manch ein Profi.

Und sie kommen alle von der Straße. Das Ghetto ist und bleibt der ergiebigste Zuchtgarten für NBA-Talente. Fünfundsiebzig Prozent der Spieler in der besten Liga der Welt kommen aus dem, was in den USA gerne euphemistisch »Inner Cities« genannt wird – den armen, vorwiegend schwarzen Wohnquartieren der US-Großstädte, die jedoch selten im Zentrum liegen. Eher, wie in New York Harlem, Brooklyn und die Bronx, ringförmig um das reiche, weiße Manhattan herumgruppiert.

Für schwarze *kids* aus der Unterschicht ist Basketball die Schnellstraße der Wahl zu Geld und Ruhm, wenn sie nicht einer *gang* beitreten und Drogen dealen wollen; auch wenn die Zahlen eindeutig dagegen sprechen, auf die Basketballkarte zu setzen: Von den vierzigtausend schwarzen Jungs, die im Schulalter Basketball spielen und als Karriereziel Profi angeben, schaffen es nur fünfunddreißig. Der konventionelle Weg, sich eine Collegeausbildung durch gute Noten in der Schule zu verdienen, um einen soliden Beruf zu finden, bleibt hingegen trotz Obama uncool und stigmatisiert im schwarzen Ghetto. So machen Weiße Karriere.

Deshalb trainiert Junebug etwa zusammen mit seinem Vater in Brooklyn jeden Tag drei Stunden. Immerhin geht er auf ein kleines Community-College in Long Island, um einen Abschluss zu machen, und spielt während des Schuljahrs für die dortige Mannschaft. Doch auf solchen Colleges schauen die NBA-Rekruteure nicht nach Talenten. Seine große Hoffnung ist, dass er im Cage auffällt. »Man weiß nie, wer hier vorbeischaut«, sagt er.

Und es gibt sie ja, die Erfolgsstorys, wie etwa die von Kareem Abdul-Jabbar, einem der Größten aller Zeiten, der auf den Plätzen New Yorks, hier im Cage und auf dem Rucker in Harlem, angefangen hat. Oder eben die von Lloyd Daniels.

Daniels war als Teenager in den achtziger Jahren der bekannteste Spieler auf den Straßen von New York. Er war der Star im Cage, er fegte die alten Hasen vom Platz, wie er wollte. Man nannte ihn bereits den nächsten Kareem Abdul-Jabbar. Sein Name sprach sich herum, die College-*Scouts* wurden auf ihn aufmerksam und 1987 holte ihn der berüchtigte Coach Jerry Tarkanian an die Universität von Las Vegas. Tarkanian hatte sich einen Namen gemacht, weil er offensiv die Meinung vertrat, dass es ihm egal sei, ob seine Spieler den akademischen Anforderungen eines Colleges genügen, solange sie nur gut spielen. Wenn schwarze *kids*, die alles auf Basketball gesetzt haben, für ihr College siegen, so propagierte Tarkanian, verdienen sie es auch, dafür einen Abschluss geschenkt zu bekommen. So hätten sie zumindest eine Chance auf einen vernünftigen Job, falls es mit der Profikarriere nichts wird. Daniels war eine Gallionsfigur für Tarkanians provokative Philosophie – er konnte mit neunzehn gerade einmal so gut lesen wie ein Drittklässler.

Doch als Daniels in Las Vegas dabei erwischt wurde, wie er Crack an einen getarnten Polizisten verkaufte, musste sogar Tarkanian ihn fallen lassen. Daniels schlug sich in niedrigeren Ligen für wenig Geld durch und rang dabei immer wieder gegen das Ghetto im Kopf, das er einfach nicht abschütteln konnte. 1989 wurde er bei einem Drogendeal in Brooklyn dreimal in die Brust geschossen. Trotzdem holte Tarkanian ihn zu den San Antonio Spurs, als diese ihn 1992 zum Cheftrainer ernannten.

Bis 2000 spielte Daniels in der NBA und hatte dabei einige glanzvolle Auftritte, wie etwa sein in New York bis heute legendäres Spiel im Madison Square Garden, bei dem er quasi im Alleingang die New York Knicks auseinandernahm.

Daniels Ballade hatte ein Happy End. Tarkanians Vertrauen hat ihn gerettet. Daniels hat ausgesorgt und lebt glücklich mit seiner Familie in seinem alten Stadtteil Queens.

Andere Storys legendärer *streetballer* endeten nicht so glücklich. Sie hatten keinen Tarkanian, der sie durchschleppte, obwohl sie schwer sozialisierbar waren. Da war etwa Earl »The Goat« Manigault, der größte Rivale von Kareem Abdul-Jabaar im Harlem der siebziger Jahre, der seine Heroinsucht nie überwand und verarmt und schwer krank 1998 starb. Oder Joe Hammond, der in den siebziger Jahren ein Angebot der LA Lakers ausschlug, weil er mit Drogendealen auf der Straße mehr verdiente. Er landete für elf Jahre im Gefängnis und kam als gebrochener, kranker Mann zurück.

Daniels kannte Manigault und er kannte auch Hammond. Sie waren einst seine Idole gewesen. Er weiß deshalb, wie gut es ihm geht. Das letzte Viertel ist angebrochen, seine TNP liegen jetzt mit dreißig Punkten in Führung. Daniels hat genug für heute und hat sich in der Ecke des Käfigs auf einen Klappstuhl gesetzt. Auf seinem Gesicht liegt wieder dieses bübische Lächeln, wie nach einem gelungenen Pass, den er dem maroden Körper noch entlocken konnte, jenes Lächeln, das eine tiefe Zufriedenheit ausstrahlt, einen Moment unverfälschten Glücks.

Die Schatten auf dem Spielfeld sind lange geworden und kriechen an der Backsteinwand der Mietskaserne hoch, die den Platz nach Osten hin begrenzt. Eine erlösende Brise weht vom Fluss herauf. »Das hier, das ist das Leben«, erklärt Daniels ungefragt, während er in die Abendsonne blinzelt. »Das ist es, was ich wirklich bin.«

Der alte Mann und die Paradiesvögel

Seit vierunddreißig Jahren steht Bill Cunningham auf einer Kreuzung in Manhattan und sucht die Schönheit

An der Ecke 57th Street und Fifth Avenue, da, wo der Manhattaner Fußgängerverkehr am hektischsten und dichtesten ist, steht ein schmaler kleiner Mann in einer blauen Handwerkerjacke. Er tippelt hin und her, schaut nach links, schaut nach rechts, stellt sich auf die Zehenspitzen, um weiter die Fifth Avenue hinunterblicken zu können, so wie jemand, der ungeduldig auf ein Rendezvous wartet.

Doch Bill Cunningham wartet auf niemanden. Manchmal steht er stundenlang nur so da und späht und lässt den Passantenstrom an sich vorbeiziehen. So lange, bis er etwas sieht, das seine Aufmerksamkeit gefangen nimmt. Dann zückt er seine Kamera, springt selbstvergessen auf die Straße und belästigt sein Subjekt mit unbarmherziger Beharrlichkeit.

Was er genau sucht, das kann Bill Cunningham vorher nie sagen, das weiß er erst, wenn er es gefunden hat. »Ich suche nach Schönheit«, sagt er immer, wenn er danach gefragt wird, was er eigentlich macht. Die Schönheit kann auf den Straßen New Yorks allerdings die verschiedensten Formen annehmen. Es kann die Art sein, wie eine Frau über eine Pfütze springt. Es kann ein Prêt-à-porter-Kostüm von Oscar de la Renta sein, das besonders lässig von den Schultern hängt. Es kann ein junger Hip-Hoper sein, dessen Jeans fast in den Kniekehlen hängen. Manchmal kann es sogar ein Müllsack sein, den eine Dame in einem Sturzregen über ihr Kostüm gestülpt hat.

Bill Cunningham steht jetzt schon seit vierunddreißig Jahren beinahe jeden Tag an der Ecke 57th und Fifth. Seit 1978 fotografiert er für die *New York Times* Mode. Aber für Cunningham war Mode immer mehr als nur die Inszenierungen der Laufstege. Die fotografiert er zwar auch, aber er interessiert sich vor allem für die Mode der Straße. Er will nicht nur wissen, was sich ein Designer ausgedacht hat, er muss wissen, wie es getragen und kombiniert wird und wie es aussieht, wenn damit zur U-Bahn gehastet wird.

Cunningham glaubt fest daran, dass nur der die Mode wirklich versteht, der überall hingeht – zu den Laufstegen, zu den Partys und vor allem auf die Straße. Und das tut Cunningham. Unermüdlich. Trotz seiner mittlerweile dreiundachtzig Jahre. Tagsüber steht er hier an der Fifth oder fährt mit seinem alten klapprigen Fahrrad durch Manhattan, immer auf der Jagd nach etwas, das ihm ins Auge springt, »nach irgendeinem wundervollen Paradiesvogel«, wie er sagt. Abends zieht er sich seinen schwarzen Anzug an und besucht die großen gesellschaftlichen Ereignisse der Stadt, die Wohltätigkeitsbälle, die Theaterpremieren, die Vernissagen. Und im Sommer fliegt er zu den Modewochen nach Mailand und Paris, »um das Auge zu schulen«, wie er sagt.

Dort sitzt er dann am Rand der Laufstege mit seiner alten Kleinbildkamera, nicht am Ende, wo sich die Meute der Kollegen mit ihrem modernen Equipment und den langen Linsen versammelt haben. Er schießt die Models wie die Frauen auf der Straße, im Vorbeigehen, damit er die Linien der Kleider sieht, damit er sieht, wie sie fallen und fließen. Wenn ihm nichts gefällt, lässt er die Kamera liegen, es kommt vor, dass er während einer gesamten Schau nicht ein einziges Bild macht.

Manchmal ist er jedoch auch der Einzige, der den Apparat ans Auge hebt. Und deshalb kann es die Modewelt am nächsten Tag gar nicht erwarten, die *Times* mit dem Bilderbogen von Bill Cunningham in die Finger zu bekommen. »Er hat ein untrügliches Gespür dafür, was funktioniert, was ein Trend werden könnte«, sagt Harold Koda, der Direktor des renommierten Costume Institute am Metropolitan Museum über Cunningham.

Bill Cunningham ist ein Kauz, ein Außenseiter selbst in der exaltierten Modewelt. Es kommt nicht selten vor, dass Türsteher dem alten Mann, der mit seiner blauen Arbeiterjacke aussieht wie ein besserer Stadtstreicher, den Zugang zu den Modeschauen verweigern. Und doch verehrt man ihn in dieser Welt. »Für jeden, der weiß, wofür Bill steht, ist es eine Ehre, von ihm fotografiert zu werden«, sagt *Vogue*-Chefredakteurin Anna Wintour. »Schlimm ist nur, wenn er einen ignoriert. Das ist der Tod.«

Doch darüber kann sich die Wintour nicht beklagen. Cunningham schießt sie, seit sie neunzehn ist – während sie die Fifth Avenue auf- und abflaniert, auf Galas und Partys, auf Modeschauen. Es ist ein Kompliment an ihren Geschmack, und das weiß sie auch. Cunningham gilt als der Mann mit dem untrüglichen Instinkt für Linie, für Farbe, für Schnitt, für Kontur. Einen Instinkt, den er sich vor allem auf den Straßen New Yorks geholt hat.

Dabei war Cunningham ursprünglich gar kein Mann der Bilder. Nach seinem Militärdienst in den fünfziger Jahren, der ihn nach Frankreich führte, lebte der Studienabbrecher als Bohemien und Tausendsassa in New York. Er entwarf Hüte und er schrieb für die *Chicago Tribune* und für *Women's Wear Daily* über Mode. Bis ihm eines Tages sein Freund, der englische Fotograf David Montgomery, eine Kleinbildkamera schenkte, eine Olympus für neununddreißig Dollar. »Benutze sie wie einen Kuli, um Notizen zu machen«, sagte Montgomery.

Cunningham nahm sich den Rat zu Herzen und zog los und seither kann er nicht mehr davon lassen. »Es war ein perfekter Moment damals«, sagt Harold Koda. »In den frühen sechziger Jahren begannen die Leute in New York überhaupt zum ersten Mal, sich im Alltag interessant zu kleiden. Das, was wir heute als *street fashion* bezeichnen, gab es vorher nicht.« Und Bill Cunningham war von Anfang an dabei, als sich noch kein anderer für die Straße interessierte und es den Begriff Prêt-à-porter noch nicht gab.

Cunningham fotografierte die Rocker und die Hippies, die Nachtclubszene und die Avantgardekünstler, die Prostituierten am Times Square und die Society-Ladys. Er fotografierte Andy Warhol und Grace Jones, Liz Taylor und die Ramones und Tausende von namenlosen Schönheiten, wenn sie sich nur interessant anzogen.

Es war wie ein Rausch, Tag und Nacht war er unterwegs und daran hat sich bis heute nichts geändert. Seine Kolumne in der *Times* wurde zum Kult und das Magazin *Details*, das ihm pro Ausgabe bis zu hundert Seiten zur Verfügung stellte, wurde zur ikonischen Publikation der achtziger Jahre.

Cunningham war ausgezogen, um Kleider zu fotografieren. Mehr und mehr entwickelte er sich jedoch ganz unfreiwillig auch zum Kulturanthropologen und zum Chronisten. »Er hat das Leben dieser Stadt dokumentiert. Er hat aufgezeichnet, was uns als New Yorker ausmacht«, sagt Harold Koda.

Bei all dem blieb Bill Cunningham selbst jedoch immer anonym, er war der unbekannteste Prominente von New York. Wie ein Gespenst tauchte er mit seinem Fahrrad auf, fotografierte und verschwand wieder und niemand wusste, wohin. Selbst die Menschen, die eng mit ihm zusammenarbeiteten, hatten keine Ahnung, wo er lebte und was er trieb, wenn er nach Hause ging.

Richard Press, seinem Assistenten bei der *New York Times*, ließ diese Frage keine Ruhe. Schon bald, nachdem er angefangen hatte, Cunninghams Filmrollen ins Labor zu bringen und sich dem Geduldsspiel der Bildauswahl für die Zeitung mit Cunningham zu unterziehen, nahm er sich vor, einen Film über diesen besonderen Mann zu drehen.

Es dauerte sieben Jahre, bis Cunningham Press an sich heranließ, und selbst dann gab er seine Privatsphäre nur millimeterweise preis. »Cunningham war immer kurz davor, das Projekt wieder abzubrechen und uns zum Teufel zu jagen«, erzählt Press bei einem Kaffee im New Yorker Meatpacking District. »Der Film stand bis zum Schluss immer auf der Kippe.«

Auf den ersten Blick war das, was Press entdeckte, enttäuschend. Cunningham hat kein Privatleben. Er lebt alleine in einer winzigen Künstlerwohnung. Das Bad ist auf dem Flur, eine Küche gibt es nicht, dafür ist jeder Zentimeter mit Aktenschränken vollgestellt. Negative und Abzüge aus einem halben Jahrhundert. Seine Garderobe hängt auf Bügeln an den Griffen der Schränke, irgendwo ist eine kleine Matratze dazwischengequetscht.

Cunningham ist nicht verheiratet, hat noch nie eine »romantische Beziehung« gehabt, wie er in einem beklemmenden Interview dem Filmemacher gesteht. Er geht nicht aus, er kauft nicht ein, er braucht nur den blauen Arbeitskittel auf seinen Schultern, seine Kamera, sein Fahrrad und ab und zu ein Sandwich und einen Kaffee aus dem Schnellrestaurant nebenan; und die Kirche, die er jeden Sonntag besucht, nachdem er sechs Tage lang an seinem Bilderbogen für die Wochenendausgabe gebastelt hat.

Das klingt zunächst nach einer furchtbar traurigen und einsamen Existenz. Doch Press fand in dieser scheinbaren Tristesse einen ungeheuren Reichtum. Bill Cunningham, das spricht aus jeder Szene des faszinierenden Films, ist ein zutiefst glücklicher Mensch.

So erleben wir in einem Ausschnitt Cunningham auf einem Empfang des französischen Kulturministers. Er schlängelt sich wie immer durch die Menge, plaudert ein wenig mit den Leuten, knipst diesen und jenen. Erst spät erfahren wir, dass dieser Empfang ihm gilt, dass er für seine Verdienste um die Mode einen Orden verliehen bekommen hat.

In seiner Dankesrede stottert Cunningham zuerst herum, springt abrupt und etwas wirr zwischen Französisch und Englisch hin und her. Doch dann fällt ihm ein, was er wirklich sagen möchte, was er schon immer sagen wollte. »Derjenige, der Schönheit sucht, wird sie auch finden«, sagt Cunningham und ihm laufen dabei die Tränen aus den Augenwinkeln.

In diesem Moment begreift man Cunningham, und es steigt einem unweigerlich selbst das Wasser in die Augen. Bill Cunningham hat eine höhere Daseinsstufe erreicht als wir Normalsterblichen. Er hat sein Dasein in den Dienst eines Ideals gestellt. Er ist ein Hohepriester der Schönheit, ein Hohepriester in einer Müllarbeiterjacke.

»Er ist frei«, sagt Richard Press zum Ende unseres Gesprächs und man spürt dabei, wie gerne er auch so wäre wie Bill Cunningham. Tag für Tag auf der Suche nach Schönheit auf einem alten Fahrrad durch die Straßen Manhattans zu ziehen, so lange, bis die Sonne im Hudson versinkt, ohne Sorge um Geld, Status, Erfolg, Anerkennung, all die Dinge, mit denen andere sich täglich mühen. Was für ein Leben.

Epilog

New York ist vermutlich die beliebteste Filmkulisse der Welt. So viel wird hier gedreht, dass die meisten New Yorker es nur als Ärgernis empfinden, wenn in ihrer Nachbarschaft wieder einmal tagelang eine Straßenhälfte von Kamerakränen und Filmscheinwerfern versperrt ist und die Lastwagen für die Filmtechnik, die Maske und das Catering die Parkplätze wegnehmen.

Hier oben in Hamilton Heights, am Nordrand von Harlem, ist es jedoch noch immer eine Sensation, wenn die Kameras kommen. Als im vergangenen Jahr eine Crew wochenlang die 151st Street mit Beschlag belegte, war der ganze Block in hellem Aufruhr. Was sollte das wohl für ein Film werden, der hier spielt, mitten im Ghetto, wo sich nicht selten der Müll auf dem Bordstein türmt, wo mehr oder weniger offen Drogen gedealt werden und wo an warmen Tagen bis in die Morgenstunden lauter Hip-Hop aus offenen Autotüren dröhnt.

Die Antwort kam ein knappes Jahr später, als in allen Läden und Hauseingängen der Nachbarschaft Flugzettel mit einer Einladung zu einer Vorführung in einem kleinen Programmkino im East Village auslagen. »Welcome to Harlem« hieß der Streifen, das Erstlingswerk von Mark Blackman, einem jungen Filmemacher, der seit vier Jahren hier in der 151st lebt.

Natürlich haben wir Bewohner der 151st es uns nicht nehmen lassen, uns das Werk anzusehen. Der Nachbar Blackman, den ich bis dahin nur vom Sehen kannte, erzählt darin seine eigene Geschichte. Es ist die Geschichte eines jungen, energiegeladenen Mannes, der nach New York kommt, um als Filmemacher Karriere zu machen. Doch die Realität der Stadt dämpft schnell seinen Enthusiasmus. Die Zeiten, in denen man sich als mittelloser Künstler in New York ausprobieren konnte, waren lange vorbei, die Stadt war so teuer geworden, dass man es sich nicht einmal leisten konnte, seinen Frust in einer Kneipe zu ertränken.

So landete Blackman, wie viele von uns, in Hamilton Heights, im Ghetto. Anfänglich war ihm hier, wie uns allen, mulmig, er fühlte sich fremd. Doch bald findet der Film-Blackman hier eine wunderbare Gemeinschaft, eine Mischung aus jungen Bohemiens wie ihm und Alteingesessenen, die sich schnell anfreunden und dann gemeinsam gegen die Gentrifizierung und für den Erhalt ihres kleinen Idylls auf die Barrikaden gehen.

Ganz so heiter und idyllisch wie im Film ist die Realität natürlich nicht. Gleich wie freundlich wir sind und wie sehr wir uns um Integration bemühen, wir werden immer wieder spürbar beargwöhnt. Man versteht hier durchaus die Dynamik der Gentrifizierung. Die Menschen begreifen, dass die Ankunft der Kreativen der Vorbote der Verdrängung ist.

Andererseits hat Mark natürlich recht. Es ist ein guter Moment für unsere Nachbarschaft.

Der soziale und ethnische Mix ist gerade genau richtig. Im Apartment über mir wohnen Fabienne und Jody, ein lesbisches Pärchen. Fabienne arbeitet als Neurobiologin an der Uni, Jody ist Fitnesstrainerin und in der Freizeit versuchen sie, ihren gemeinsamen Traum von einem eigenen Modelabel zu verwirklichen. Ihr Nachbar ist Kevan, der die Hälfte des Jahres die Welt per Fahrrad bereist und sich die andere Hälfte des Jahres als DJ in einem Stripclub am Times Square das Geld dafür verdient. Direkt neben mir wohnt eine dominikanische Familie mit drei Kindern. Im fünften Stock wohnt eine Familie von der Elfenbeinküste mit zwei bildhübschen Töchtern im Teenageralter. Dazwischen wohnen zwei alteingesessene afroamerikanische Familien.

An warmen Sommertagen verlagert sich das Leben, wie das seit Jahrzehnten in Harlem der Brauch ist, auf die Straße. Die Kinder kühlen sich im Strahl der Hydranten ab, Jugendliche werfen einander auf der Straße einen Football zu, Erwachsene sitzen auf mitgebrachten Klappstühlen zusammen und unterhalten sich. Der Geruch von Grillanzünder weht dann durch mein Fenster und gibt mir das besänftigende Gefühl, dass hier nicht, wie überall anders in Manhattan, die Nachbarschaft für die Menschen nur der Ort ist, wo sie zufällig eine Wohnung gefunden haben.

Das neue Café um die Ecke auf dem Broadway ist immer voll, die junge schwarz-weiße Boheme sitzt emsig an ihren Laptops. Man trifft die immer gleichen Stammkunden, die den Tiefparterreraum mit seinen Sperrmüllmöbeln zum zweiten Wohn- und Arbeitszimmer gemacht haben. Die vielen Musiker, die hier in die Gegend gezogen sind, studieren ihre Noten, Studenten basteln an Seminararbeiten, sogar das eine oder andere gedruckte Buch wird hier noch aus der Radkuriertasche gezückt.

Der Gemischtwarenladen an der Ecke gehört dem Jemeniten Fedel, der rund um die Uhr mit seinen Cousins und Brüdern Kaffee, Bagels, Zigaretten,

Sandwiches und Klopapier verkauft. Sie bezeichnen sich als gute Amerikaner und sind jederzeit zu einer Diskussion über den Nahen Osten, Al Kaida, Anti-Islamismus oder Barack Obama aufgelegt. Ein paar Häuser weiter hat Ayten Farell ihren Friseursalon, eine türkischstämmige Deutsche, die einen Harlemer Afroamerikaner geheiratet hat.

Das Lebensgefühl in Hamilton Heights erinnert ein wenig an das alte East Village der achtziger Jahre, an das Brooklyn der neunziger Jahre, das West Village der vierziger und fünfziger Jahre oder das Chelsea Hotel der siebziger Jahre. Es ist die Art von Urbanität, derentwegen man nach New York gekommen ist und der man hier immer wieder nachstellt, jene Urbanität, die aus einem bunten Bevölkerungsmix entsteht und die jeden Tag überraschende und beglückende Momente gebiert.

Natürlich weiß ich, dass das nicht anhalten wird. Die ersten Anzeichen einer Wandlung zum Schlechteren sind schon erkennbar. Die Columbia University, die von Morningside Heights aus nach Norden expandieren will, ist dabei, am Broadway im großen Stil Immobilien einzukaufen. Ein Gebäude, das einen Neunundneunzig-Cent-Store und eine Kirche beheimatet hat, wird bereits in ein Studentenwohnheim umgewandelt.

Ein paar Jahre ist aber gewiss noch Zeit, bis hier die Starbucks und die Gaps ankommen und Hamilton Heights sich in einen Harlem-Themenpark verwandelt. Ein paar Jahre Zeit, um sich den nächsten Schritt zu überlegen.

Natürlich gibt es bei diesen Überlegungen auch Momente, an denen ich über eine Rückkehr nach Deutschland nachdenke. Es sind diese Momente, in denen einen alles hier überwältigt, der ständige Kampf, der nie zu enden scheint und der bisweilen eine Sehnsucht nach geordneter Friedlichkeit mit gesetzlicher Krankenversicherung gebiert.

Aber dann gibt es auch wieder diese Momente. Ein Sommerabend gegen Mitternacht nach einem Abend mit Freunden in Carroll Gardens, unterwegs mit dem Rad auf der Brooklyn Bridge in Richtung Manhattan. Die U-Bahn donnert an dir vorbei, vor dir funkeln die Lichter der großen, großen Stadt. Du rauschst auf sie zu, tauchst in sie ein, wirst eins mit ihr. Eine Euphorie überkommt dich, eine Euphorie, wie sie nur diese bipolare Stadt erzeugen kann.

Wenn man dann mit dem Verkehrsstrom die Sixth Avenue hinaufschwimmt, kann man sie in jeder Körperfaser spüren, die sprichwörtliche Energie dieser Stadt, die aus dem Wahnsinn ihrer überwältigenden Dichte, aus ihrer Ambition, aus ihrer Maßlosigkeit entsteht. Diese Energie, das wird in solchen Momenten klar, wird überleben. Sie wird überleben, gleich wie stark die Kräfte der Homogenisierung und der Suburbanisierung sind. Das Delirium, das Rem Koolhaas vor vierzig Jahren als den Aggregatzustand dieser Stadt beschrieben hat, wird sich immer wieder Bahn brechen und den Triumphzug der generischen Stadt sabotieren. Gleich, wie sehr sich die Vermarkter der New-York-Erfahrung Mühe geben, die Stadt auszunüchtern.